RENÉ ZUBER

WER SIND SIE HERR GURDJIEFF?

SPHINX POCKET 9

RENÉ ZUBER

WER SIND SIE HERR GURDJIEFF?

SPHINX VERLAG BASEL

Aus dem Französischen
von René Taschner

CIP-Kurztitelaufnahme der Deutschen Bibliothek

Zuber, René:
Wer sind Sie, Herr Gurdjieff? / René Zuber.
[Aus d. Franz. von René Taschner]. –
Basel: Sphinx-Verlag, 1981.
(Sphinx pocket; 9)
Einheitssacht.: Qui êtes-vous,
Monsieur Gurdjieff? <dt.>
ISBN 3-85914-309-3
NE: GT

1981

Originaltitel: Qui êtes-vous Monsieur Gurdjieff?
Courrier du livre, Paris
Umschlaggestaltung: Thomas Bertschi
Gesamtherstellung: Ebner Ulm
Printed in Germany
ISBN 3-85914-309-3

Inhalt

Wer sind Sie Herr Gurdjieff?

In einer Zeit, die der unsrigen in keiner Weise gleicht, bin ich erstmals zu Monsieur Gurdjieff gebracht worden.

Paris unter der deutschen Besetzung des Zweiten Weltkriegs; die Dunkelheit regierte. Kaum drang der geringste Lichtstrahl nach draussen, musste er rasch erstickt, der Vorhang zugezogen werden. Die Herrschaft der Sperrstunde. Niemand hätte es gewagt – es sei denn unter Lebensgefahr –, sich nach elf Uhr nachts auf die verlassenen Strassen zu begeben. Und schliesslich stand man auch unter der Macht dessen, was man als «Restriktionen» bezeichnete, d. h. der organisierten Armut und deren Folge, die Besessenheit nach Nahrung. Nicht zu sprechen vom ständigen Hämmern der Nazipropaganda, die den Parisern einen Keim Hoffnung, der in ihnen ruhte, vergeblich auszutreiben suchte.

Wir waren von der restlichen Welt abgeschnitten. Es ist somit nicht erstaunlich, dass ich von den amerikanischen Schülern Gurdjieffs nie habe sprechen hören, obwohl sie ihm so nahe standen. Was das unermessliche Russland anbelangte, so existierte es für uns durch seine Familie – er hatte somit eine Familie wie jedermann – sowie durch einige alte Freunde, die ihm wie «Schmarotzer» anhingen und die wir gelegentlich an seinem Tisch oder in seiner Küche auftauchen sahen. Er behandelte sie, so scheint es mir heute, wie ein grossmütiger und nachsichtiger Tyrann, im Gegensatz zu uns, seinen Schülern, an die er andere Anforderungen stellte.

Wer war er? Ich bin sicher, dass ihm viele, wenn nicht gar alle, die mit ihm in Kontakt kamen, gerne diese Frage gestellt hätten. Aber sein Prestige, seine moralische Gewalt waren so gross, dass sie die Frage nicht in klaren Worten zu stellen wagten.

Gelegentlich waren es ganz einfach Neugierige, in anderen Fällen handelte es sich um Dürstende, denen man gesagt hatte, dass sie an dieser Quelle ihr Verlangen stillen könnten. Der mit der jeweiligen Begegnung verbundene Schock übertraf jedoch stets die Erwartung, und gewisse Leute flüchteten lieber, als dass sie sich auf eine Erfahrung eingelassen hätten, die das Risiko einer Infragestellung aller bisherigen Vorstellungen in sich barg.

Zur Zeit, als ich ihn kennenlernte – um 1943 –, war er nicht mehr jung. Er war fünfundsechzig Jahre alt.[1] Bei ihm verknüpfte sich die Erhabenheit eines Greises mit der Geschmeidigkeit eines Fechters, der zu einem niederschmetternden Hieb fähig war; aber wie unerwartet seine raschen Stimmungswechsel, wie überraschend seine Offenbarungen auch waren, eine eindrückliche Form der Ruhe verliess ihn nie.

«Er gleicht», so hatte mir Philippe Lavastine gesagt, ehe er mich mit ihm bekannt machte, «dem Bodhidharma ...[2] aufgrund seiner Strenge als Bewusstseinserwecker und wegen seines grossen Schnurrbarts.»

Ich empfand sein Benehmen eher beruhigend, wie dasjenige eines mazedonischen Schmugglers oder eines alten kretischen *Kapetans.*[3] Er hatte Autorität. Er wäre fähig gewesen, dich in die Seine zu werfen – nachdem er dich um Uhr und Portefeuille erleichtert hätte –, um anschliessend hilfreiche Hand zu leisten. Das Lustigste an der Sache ist, dass man, kaum gerettet, ihm zu danken das Bedürfnis hätte.

Der Begriff «Autorität» hat jedoch zuviele Nebenbedeutungen, als dass er keine Missverständnisse heraufbeschwören könnte. Sagen wir somit, dass von Monsieur Gurdjieff ein Eindruck ruhiger Kraft ausging, für den selbst die Tiere empfänglich waren. Angeblich folgten ihm auf der Strasse Katzen und Hunde. Ich war nie Zeuge eines solchen Vorfalls. Aber wieviele Male habe ich gesehen, wie sich Leute, die man für Wölfe hätte halten können, an seiner Seite beruhigten – in einem solchen Grad, dass sie ihm schlussendlich aus der Hand gefressen hätten.

Seine Gangart, seine Gebärden waren niemals überstürzt, sondern dem Rhythmus des Atems angepasst, wie bei einem Bergbewohner oder Bauern.

Ich erinnere mich noch an jenen Tag, wo ich zu einer Verabredung mit ihm zu spät gekommen war, obwohl ich die Avenue Carnot im Galopp hinter mich gebracht hatte und seine Treppe in Windeseile hinaufgestürzt war. Ich begann eine Entschuldigung zu stammeln. Er entgegnete einfach: «Niemals sich beeilen.»

Kam das wohl daher, weil er im Verlauf seines Lebens zahlreichen Menschen begegnet war, bei denen er um jede Schwäche wusste, und weil er aus dem Menschlichen gemeinhin ein nahezu konstantes Meditationsthema gemacht hatte? Gab es einen anderen Grund? Man fühlte die Präsenz einer – sozusagen nicht mitteilbaren – Erfahrung, die zwischen ihm und der Allgemeinheit eine herzzerreissende Distanz geschaffen hatte.

Falls mit ihm ein gewisses Einverständnis bestand, das sich wie ein schmaler Steg über Untiefen spannte, so beruhte dies weniger auf intellektuellen

Theorien denn auf einfachen Gewissheiten wie *Kälte, Wärme, Höhe, Grösse, Gestern, Heute, Morgen, Ich, Hier, Jetzt.* Ein Einverständnis im Sinne einer Aufrichtigkeit, die im tiefsten Grund des Seins verankert ist.

Paul Valéry stellt bei der Frage, was von Leonardo da Vinci übrigbleibt, fest:

«Von einem Menschen bleiben die Gedankengänge übrig, die sein *Name* und seine *Werke* auslösen; jene Assoziationen, die aus diesem Namen ein Signal der Bewunderung, des Hasses oder der Gleichgültigkeit machen.»

Seiner Ansicht nach bleibt man somit auf das «Sich-Ausdenken» beschränkt, und – wie er hinzufügt – «falls sich dieser Mensch auf allen Gebieten auszeichnet, ist es um so anstrengender, ihn in seiner Gesamtheit zu erfassen».[4]

Es stimmt, dass die Lebenden Gurdjieff mit Hilfe jenes Werkes wiederaufleben lassen müssen, das mit seinem Namen verbunden ist – d.h. auch aufgrund seiner Schriften und der unter seiner Ägide realisierten Leistungen auf anderen Gebieten.

Denn man muss stets zur Quelle zurückkehren. Nach uns wird sich jede Generation beim erneuten Lesen der Gurdjieffschen Schriften mit jenem Material befassen, das ihr brauchbar erscheint.

Wir, die ihn gekannt haben, werden nicht in Archiven nach ihm suchen – seien diese nun gedruckt oder institutionalisiert – und dabei die Hoffnung hegen, daselbst auf ein Echo seiner Stimme zu stossen. Wir berufen uns auf unsere eigene Erfahrung, auf unsere höchst lebhafte Erinnerung.

Gurdjieff ein Musiker? Choreograph? Schriftsteller? Mediziner? Psychiater? Koch?

«Der einzig absolut freie Mensch, falls er sich als solchen erkennen könnte, wäre jener, bei dem nicht einer einzigen Gebärde ein Anflug von Nachahmung anhaftet.» [5]

Ich für meinen Teil würde als erstes seine absolute Verachtung für gesellschaftliche Konventionen in Erwägung ziehen. Er hätte einen Nobelpreisträger neben einen Strassenkehrer und eine Lady neben eine Prostituierte gesetzt.

Hat man dies beobachtet, so ist es um so erstaunlicher, dass er eine Kategorie Menschen äusserst schlecht behandelte, die schlussendlich ihr Brot wie alle anderen verdient. Ich meine damit die Journalisten; er hielt sie sich vom Leibe, er verbot ihnen seine Tür.

Eines Tages wohnte ich folgender Szene bei: Zwei junge Leute wollten mit Dreistigkeit zu ihm vordringen, indem sie ihren Presseausweis vorzeigten und sich als Redaktionsmitglieder einer sehr bekannten Zeitschrift vorstellten. Man meldete sie bei Monsieur Gurdjieff an; ehe sie drei Schritte in sein Vorzimmer tun konnten, erschien er persönlich und verjagte sie wie Gesindel.

Dass er bei jeder Gelegenheit der Pressemacht trotzte, mag noch hingehen – aber es gab noch «bessere» Situationen. Wenn sich seine Schüler darum bemühten, ihn mit einer weltbekannten Persönlichkeit zusammenzubringen – in der Annahme, dass einer solchen Begegnung zumindest eine gegenseitige Erkenntlichkeit entspringe –, nahm die Sache gewöhnlich einen diesen Wünschen entgegengesetzten Verlauf. Nach einem recht guten Start befand sich das bedeutende Mitglied der Légion d'Honneur plötzlich in einem Zustand, der nicht mehr mit seiner Persönlichkeit in Einklang stand – es verlor den Boden unter den Füssen und stürzte in sich zusammen.

Man besucht vielleicht nur einen Stierkampf, weil man hofft, dass der Torero nach einer gewissen Anzahl Finten seinen Widersacher mit einem einzigen Stoss zunichte macht – oder umgekehrt.

Ich trachte nicht nach dieser Art Spektakel.

Ich frage mich, was wohl passiert wäre, falls sich Stendhal, Baudelaire oder Marcel Proust an seinen Tisch gesetzt hätten. Wären sie wohl mit irgendwelchen Schreiberlingen in ein und denselben Topf geworfen worden? Solche Fragen waren für mich schmerzlich. Ich sagte mir lieber: «Der Arme! Die Feinheiten der französischen Sprache entgehen ihm. Als Kenner des russischen Wodkas versteht er nichts von französischem Wein.»

Darin irrte ich mich. Gegenüber einem Neuling spielte Gurdjieff stets ein Spiel, das jeweils von den Umständen abhängig war. Falls es sich um einen Mann von Bedeutung handelte, den er – im eigenen Interesse – schonen musste, so konnte er denselben im Handumdrehen für sich gewinnen. In anderen Fällen verneinte er selbst die offensichtlichsten Qualitäten eines Neulings – so weit, dass er geradezu stupid wirkte. Die schlechte Meinung, die dann das Opfer von ihm bekam, war ihm gleichgültig. Falls der andere nichts gesehen, nichts begriffen hatte, mochte er sich zum Teufel scheren!

Denn er spielte gleichzeitig ein Spiel, das seiner Ansicht nach im Interesse seiner Schüler sehr viel bedeutsamer war: ein Spiel, das uns allem Anschein zum Trotz zeigte, auf was sich die grundlegende Wahrheit eines jeden Menschen beschränkt. Biedere Seelen meines Schlages könnten diesen Anblick nicht ertragen? Was soll's! Ohne Prüfungen dieser Art wird man nicht erwachsen.

Das Bemerkenswerteste an Monsieur Gurdjieff war sein Blick. Von der ersten Begegnung an fühlte man sich vollkommen durchschaut. Man stand unter dem Eindruck, dass er einen gesehen hatte und dass er einen besser kannte, als man dies selber tat.

Ein aussergewöhnlicher Eindruck.

Wie zahlreiche enttäuschte Idealisten musste ich letztendlich eingestehen, dass es zwischen menschlichen Wesen nur «Gespräche unter Gehörlosen» geben kann. (Ich weiss nicht, ob der Begriff «Blinde» für diesen Zustand gegenseitiger Ignoranz nicht zutreffender wäre). Die Möglichkeit, endlich erkannt zu werden, eröffnete mir somit um die Vierzig – und vielleicht in der Mitte des Lebens – eine verblüffende Hoffnung.

Zugleich fühlte ich – jedoch auf eine recht verworrene Art – dass dafür ein Preis zu bezahlen war. Man hatte mir gesagt, dass der Umgang mit einem Menschen wie Gurdjieff sehr gefährlich sein könnte. Aber was hatte ich letzten Endes zu verlieren? Die Freude am Risiko ist Gott sei Dank im Herzen aller Söhne Adams vorhanden. Geld? Ich hatte keines. Schweiss? Ich war noch jung genug, um zu glauben, dass ich mit grenzenlosen Kräften ausgestattet sei. Illusionen? Nachdem ich eine Enttäuschung nach der andern erlebt hatte, waren sie mir meiner Ansicht nach alle abhanden gekommen. Vorurteile, die zu überwinden waren? Ein Mann wie ich hatte keine.

So prahlte ich, als ich seine Wohnung betrat, wie ein Schwimmer, der nach einer zu langen, unter Lebensgefahr hinter sich gebrachten Strecke endlich sicheren Boden unter den Füssen verspürt. Halb erstickt, lächelt er schon, während er das Wasser aus Nase, Mund und Ohren schüttelt. Der alte Kämpfer hatte dies alles auf den ersten Blick erkannt. Er hatte auch noch viele andere Dinge gesehen oder gespürt: meine Mängel, meine Schwächen, meine Ängste.

Damals gab er mir einen Übernamen, der mich spüren liess, dass ich in den Kreis seiner Schüler aufgenommen war. Wie ich in der Folge entdeckte, war jeder seiner Schüler mit einem zumeist recht drolligen Übernamen ausstaffiert worden, der oft beschreibender als der richtige Name war. Die eine, ein schmächtiges Wesen, hiess «Maigriche», die andere, wohlgerundet, ist «Brioche» und später «Ex-Brioche» genannt worden. Ein Professor hiess ganz einfach «Meister». Eine Amerikanerin ist als «Crocodile» bezeichnet worden – in Anspielung auf die Tränen dieses Tieres. Ich selbst wurde zu «Demi-Petit». Die Benennung war für mich lange Zeit ein Rätsel, eine Herausforderung. «Petit» mag noch hingehen, weil ich grossgewachsen bin, aber warum «Demi»? Ich hätte ihn einfach fragen sollen? Das war nicht so einfach. Er forderte mich diesbezüglich eines Tages heraus, indem er vor einigen Personen in recht pöbelhaftem Tonfall erklärte: «Bei Demi-Petit alles sehr sehr gut – mit Ausnahme einer einzigen Sache . . .» Er wartete darauf, dass ich ihn fragen würde: «Welche Sache, Monsieur Gurdjieff?» Aber ich hatte seine

Absicht längst gespürt. Ich hüllte mich in feiges Schweigen, als ob ich die wunderbare Gelegenheit, die er mir bot, nicht verstanden hätte. Ich setzte auch eine Art Lächeln auf, von dem er sich nicht betrügen liess, das aber den anderen den Eindruck vermitteln konnte, dass ich mit ihm unter einer Decke stecken würde und alles begriffen hätte. Er fragte nicht weiter.

Das, was er mir an jenem Tag sagen wollte, wusste er mir etwas später sehr gut auf ganz andere Weise beizubringen.

In der unmittelbaren Nachbarschaft von Monsieur Gurdjieff liess sich nicht ruhig schlafen. Niemand war vor einem hinterlistigen Streich sicher, der einen zu Boden legte. Das Bewunderungswürdige daran war die Tatsache, dass es keine Beinbrüche gab! Wenn nach Beendigung der Mahlzeit eine grosse Stille einsetzte, um den Fragen der Schüler Platz zu machen, so glich sein Tisch dem Teppich eines Judo-Clubs. Der Meister mit seinem glattrasierten Samurai-Schädel wartete ruhig und bewegungslos. Das «Monsieur, darf ich eine Frage stellen?», das die Stille unterbrach, glich einem Ritual wie der Gruss von zwei Judo-Kämpfern, die sich voreinander niederwerfen. In diesem Augenblick erreichte der Respekt, von dem der Raum erfüllt war, seinen Höhepunkt.

Ich habe diesen Eindruck, mich jenseits von Gut und Böse, jenseits der Angst zu befinden, kennengelernt, als ich zum ersten Mal eine Frage an Monsieur Gurdjieff gestellt habe.

Ich hatte zu ihm gesagt: «Monsieur, um die Wahrheit zu suchen, muss man sehr wohl das Risiko einer Täuschung eingehen. Nun fürchte ich mich aber vor der Täuschung. Ich bleibe somit hinter meinem Fenster sitzen – und ich sehe eigentlich keinen Grund, dass dies jemals ein Ende nehmen wird . . .»

Ich hatte diese Frage gestellt, weil mich mein Nachbar, Philippe, mit dem Ellbogen gestossen und mir zugemurmelt hatte: «Mach schon, das ist der Moment.» Denn Monsieur Gurdjieff hatte mir ein beifälliges «ui, ui» gewährt, alle Augen hatten sich auf mich gerichtet, und ich befand mich plötzlich im unendlichen Raum, wie – so stelle ich es mir vor – der Kosmonaut im schwerelosen Zustand, nachdem er die Türe der Raumkapsel geöffnet hat. In der darauffolgenden Sekunde des Schweigens spürte ich erneut, wie sich die gewohnten Verhaltensprägungen in einem solchen Masse in mir ansammelten, dass ich die Antwort von Monsieur Gurdjieff nicht einmal gehört hätte, falls sie anders gelautet hätte. Diese Antwort überrollte mein Äusseres und mein Inneres wie eine Lawine. Ich hörte eine Stimme, die vom Berg herunter durch den Nebel drang, die bestätigte: ja, so war es –, dass ich nichts Grossartiges war, dass ich ein Nichtsnutz, ein «Stück lebendiges Fleisch» sei. «In meiner Heimat», fuhr Gurdjieff fort, «bezahlt man sogar Leute, um einen von so etwas zu befreien.» Man konnte nicht auf mich zählen. Ich hatte vielleicht ein Scheckheft in meiner Tasche, aber meine Unterschrift war ungültig. Dennoch konnte sich alles ändern, falls ich es wollte. Später, vielleicht bei Kriegsende würde meine Unterschrift gültig sein . . .

«Monsieur, wer sind Sie eigentlich? Ein echter oder ein falscher Meister? Ich würde mich nie auf ein Schiff begeben, ohne genau über die Dauer der Reise und über die Identität des Kapitäns im Bilde zu sein»;

auf diese verfängliche Frage hatte er mir nicht geantwortet.

Ich bin mit einer solchen Wucht auf mich selbst und auf die Frage «Und du, wer bist denn du?» zurückgeworfen worden, dass ich es nie vergessen werde. Ein wahrer Meisterstreich.

Einige Zeit nach besagtem Abend läutete ich eines Morgens an seiner Wohnungstür, weil man mich mit einer Besorgung für ihn beauftragt hatte. Nach einem Geräusch schlurfender Schuhe in seinem Vorzimmer öffnete sich die Türe. Monsieur Gurdjieff schien erstaunt zu sein. Er forderte mich mit einem Zeichen auf, ihm in die Küche zu folgen, wo er beschäftigt war. Zu dieser relativ frühen Stunde war die Wohnung noch verwaist. Ich erklärte ihm den Grund meines Besuchs und zog den Briefumschlag oder das kleine Paket aus der Tasche, das ich ihm zu überreichen hatte, als er sagte: «Ich habe kein Geld, um heute nachmittag ins Kino zu gehen . . . du zwanzig Francs? . . . leih sie mir.» Ich fiel aus allen Wolken. Ihm Geld geben, dem allmächtigen Patriarchen, der uns so oft bewirtet hatte! Noch am Vorabend waren wir gut und gern dreissig Leute gewesen, die bei ihm zu Tisch gesessen hatten. Brauchte es diesen Geldmangel, damit er sich an mich wandte? Würde ich die benötigte Banknote überhaupt bei mir haben?

Ich verbarg (zweifellos sehr schlecht) meine Verwirrung und durchwühlte all meine Taschen, wo ich die Banknote fand, die ich ihm zusammen mit dem für ihn bestimmten Päckchen aushändigte.

Und ich verliess ihn so rasch als möglich – ohne meine Fragen loszuwerden.

Er beherrschte die Kunst, einen im tiefen Schlaf zu überraschen.

Gelegentlich unterbrach er sein Gespräch mitten in einem Satz, um jemandem mit der Frage auf den Pelz zu rücken: «Wieviel ist die Hälfte von hundert?»

Der Angesprochene war der einzige – und das nicht einmal in allen Fällen –, der begriff, warum er auf diese Weise drangenommen wurde.

So sah ich mich eines Tages durch eine äusserst banale Bemerkung zu mir selbst «zurückgerufen»; ich fand mich an seinem Tisch sitzend, verdauend, in hitziger, euphorischer Stimmung, erfüllt von der Bewunderung für diesen erstaunlichen Komödianten.

Ich sass an der Seite von Louise Le Prudhomme. Sie war eine alte Bretonin – eine Getreue unter den Treuen. Obwohl sie ein Bein nachschleppte, kam sie in ihren flachen Halbschuhen und mit ihrem Regenschirm, auf den sie sich wie auf einen Stock stützte, immer rechtzeitig. Als ehemalige Mitstreiterin in Gewerkschaftsorganisationen und nach vielen Jahren in Spitälern der öffentlichen Armenpflege – in Berührung mit dem ganzen Elend dieser Welt – war sie hier und legte bei Monsieur Gurdjieff Zeugnis für die Präsenz des französischen Volkes ab.

Da wir sehr eng sassen, berührten sich unsere Ellbogen, und unsere Teller lagen auf- und übereinander, während andere Gäste, die hinter uns standen, ihr Geschirr auf dem Klavier abstellen mussten. Alle Blicke waren auf Monsieur Gurdjieff gerichtet, der auf seinem geliebten Diwan sass. Wir vergassen die Unbequemlichkeit der Situation, ja wir vergassen sogar, wo wir uns befanden, weil das Spektakel, das sich nach den verschiedenen Trinksprüchen «auf die Idioten» abspielte, einfach gewaltig war. *

Indem er seine Darbietung unterbrach, warf er mir in einer Pause, die – wie ich glaube – so kurz war, dass sie niemand bemerkte, die Worte zu: «Sie unverschämter Mensch, sehen Sie, Sie stören Fräulein Le Prudhomme.»

Das stimmte haargenau, so dass ich mich augenblicklich aufrichtete.

Man wird fragen, ob das Erzählen einer so kleinen Anekdote erspriesslich sei. Ohne Zweifel ja, denn sie ist von exemplarischem Wert. Man sieht hier Gurdjieff seinen Pfeil im richtigen Moment und am richtigen Ort abfeuern, *indem er sämtliche Begleitumstände geschickt ausspielt*.

Nachdem wir uns an den Tisch gesetzt hatten, war mein Interesse für Fräulein Le Prudhomme ungebrochen. Gurdjieff hatte es jedoch schwinden (vom Augenblick an, wo meine Aufmerksamkeit von der Nahrung in Bann gezogen worden war) und in jenem Moment ganz erlöschen sehen, wo ich mich einer bewundernden Glückseligkeit hingab – wie eine Kuh, die sich aufs Stroh legt.

Genau in diesem Augenblick hatte er mich *zu mir zurückgerufen* und mir meine Abwesenheit bewusst gemacht.

Etwas, das mich sehr überraschte, war die Entdekkung von Monsieur Gurdjieffs Beziehung zu Seiner Majestät dem Geld. Er sprach darüber mit einer Freiheit, die an Zynismus grenzte.

* Siehe Addendum

Stellt man sich so einen geistigen Führer vor? Das erste Mal, als ich ihn einen Stoss Banknoten mit der Fingerfertigkeit eines Kassiers zählen sah, hatte ich einen kleinen Schock erlitten.

In meiner Kindheit hatte man mir beigebracht: Falls dir jemand, den du gut kennst, Geld aushändigt, dann zähle nie in dessen Gegenwart die Noten nach – das ist «ungezogen». Dieser Ratschlag gehörte zu den zwei oder drei in mir verankerten Benimmregeln. Wohlverstanden: Monsieur Gurdjieff übertrat alle Regeln, die eher Ausdruck einer gewissen Heuchelei denn echten Zartgefühls waren.

Der stets wiederkehrende Druck, der vom «Sekretär» der Gruppe auf uns ausgeübt wurde, um jedem die materielle Frage ins Bewusstsein zu rufen, befremdete, ja entrüstete mich.

Das dauerte so lange, bis ich eines Tages zum Angriff schritt:

«Monsieur? Darf ich Ihnen eine Frage stellen ...? Sie bitten uns um Geld – warum?» Bei diesen Worten schauten mich einige Leute indigniert an. Weil es für einen Rückzug zu spät war, fuhr ich fort: «Sie wollen uns damit sicherlich etwas zu verstehen geben, aber was?»

Monsieur Gurdjieff mass mich mit einem Blick. «Sie Donnerstag frei? Gut, kommen Sie zu mir frühstücken. Wir werden echten Kaffee trinken und ich Ihnen erklären ...»

In dieser Zeit gab es überall nur einen fürchterlichen Absud aus gerösteter Gerste: der echte Kaffee an und für sich stellte schon ein ganzes Programm dar.

Das Frühstück war beendet, und ich folgte Monsieur Gurdjieff in den kleinen Raum, der stets für besondere Gespräche reserviert war. Es herrschte dort die stille Atmosphäre einer Bibliothek, deren Regale mit alten, schön gebundenen Ausgaben bestückt sind. In der Tat fanden sich dort aber keine seltenen Schriften, sondern in Reih und Glied aufgestellte Glasgefässe, in denen Zwiebeln, Blätter oder Wurzeln von Gewürzen aus der ganzen Welt enthalten waren.

Ich kann mich heute nicht mehr genau an jenes Gespräch erinnern, das wir über unseren zwei Tassen türkischen Kaffees geführt hatten. Es lief darauf hinaus, dass Monsieur Gurdjieff eine grosse Familie hatte und dass ihn diese viel Geld kostete.

Ich konnte mich dabei des bizarren Eindrucks nicht erwehren, dass er nicht vollkommen aufrichtig gewesen sei. Ich wartete stets auf ein Wort, das mir erlaubt hätte, den tieferen, den esoterischen Grund seiner Geldforderungen zu erahnen.

Einige Zeit später wurde ich gebeten, mich zu Monsieur Gurdjieff zu begeben. Er fragte mich, ob ich für ihn einen Botengang in ein entferntes Quartier von Paris besorgen könne. Gewiss konnte ich das. Er gab mir sodann ein vergilbtes Papier, eine Quittung der Städtischen Pfandleihanstalt, und das nötige Geld, um den Gegenstand zurückzuholen, den er dort vor langer Zeit verpfändet hatte. Von da an begann ich das wahre Bild seiner materiellen Schwierigkeiten zu ahnen.

Nach den üblichen Formalitäten ist mir der Gegenstand ausgehändigt worden. Es handelte sich dabei um eine flache Golduhr mit einer ebenfalls goldenen grobgliedrigen Kette. Sie glich der Uhr meines Vaters. Schon das blankpolierte Metall zeigte, dass sie ein ganzes Menschenleben begleitet hatte. Als ich das Gewicht dieses Gegenstandes auf meiner Handfläche verspürte, erriet ich blitzartig jene Seite von Monsieur Gurdjieffs Leben, die ich bis anhin nicht zur Kenntnis nehmen wollte. Ja – ich habe mich geschämt.

Selbst wenn ich Monsieur Gurdjieff in Frage stellte, indem ich von seiner tiefen Absicht nichts begriff, habe ich stets die Sicherheit bewundert, mit der er sich inmitten von Komplikationen bewegte, *die er sehr oft selbst hervorgerufen hatte*.

Wie oft habe ich ihn seelenruhig inmitten eines Minenfeldes wandeln sehen, das er sodann entschärft oder – im Gegenteil – mit Hilfe eines Feuerwerkers zur Explosion gebracht hatte.

Ich glaube heute zu verstehen, was er den Journalisten und anderen Manipulatoren der öffentlichen Meinung zum Vorwurf gemacht hatte (genauso allen übrigen und uns selbst, die wir als Abschluss eines guten Essens das Verhalten des Staates oder das Schicksal der Welt diskutierten): die Verantwortungslosigkeit dem eigenen Handeln gegenüber und das «Nichtbewusstsein». Die Journalisten sind wie die Zellen einer Nervenfaser; sie geben in aller Eile Informationen weiter, ohne deren Richtigkeit stets überprüfen zu können, und ohne die Fähigkeit, jemals die Wirkung zu ermessen, den eine auf diese Weise übermittelte Nachricht über kurz oder lang haben kann.

Mein Umgang mit Monsieur Gurdjieff lehrte mich, dass das Sprichwort «Nur die Wahrheit verletzt» durch seine andere Hälfte ergänzt wird: «Nur die Wahrheit heilt».

Von dem Moment an, wo man *sieht,* wen man vor sich hat – und er sah einen in der eigenen Vergangenheit, in der Gegenwart und in der Zukunft –, was geht man da noch für ein Wagnis ein?

Jeder, der nichts sieht, wird stets verletzen.

Wenn ich alles, was Monsieur Gurdjieff betrifft, mit einem Wort zusammenfassen müsste, so würde ich sagen, dass er – im Gegensatz zu uns und allen, die ich innerhalb meiner Familie und in der Öffentlichkeit beobachtet habe – ein Monstrum der *Bescheidenheit* gewesen war.

Man sagte ihm nach, dass er zynisch und grob gewesen sei und Geschichten erzählt hätte, die ein ganzes Garderegiment zum Erröten gebracht hätten. Anekdoten zur Unterstützung dieser These sind dutzendweise vorhanden – einige davon sind sehr gepfeffert. Man hatte ihn somit als ein Monster der Sittenlosigkeit dargestellt.

In Wirklichkeit haben ihn alle, die sich ihm genähert haben, nur von einer Seite gesehen. Wie ein sehr hoher Berg liess er sich nicht in seiner Gesamtheit erfassen. Zahlreich sind jene, die auf die eine oder andere Weise dem Ruf dieses Berges gefolgt sind. Davon glaubten einige, sich ihm noch mehr nähern zu müssen, um den Ursprung seiner Grösse begreifen zu können. Befindet man sich aber zu nahe, so sieht man nichts mehr. Oder man muss nicht mehr darüber sprechen, sondern die Kletterpartie wagen, d. h. sich Zentimeter für Zentimeter mit der Realität des Terrains befassen.

Er ließ sich auf recht einfache Weise ansprechen. Auf die denkbar schlichteste Art; man nannte ihn «Monsieur» oder auch «Monsieur Gurdjieff».

Ich hatte bemerkt, dass ihn seine Familienmitglieder und im allgemeinen alle, die ihn in Russland gekannt hatten, nicht als Monsieur Gurdjieff, sondern mit liebevoller Vertraulichkeit als «Guirguevantch» bezeichneten. Eines Tages versuchte ich dies nachzuahmen, um mir – mühelos – Eintritt in den Kreis seiner engsten Freunde zu verschaffen. Aber ich bin sofort auf meinen Platz zurückgewiesen worden – und dies auf eine Art und Weise, dass ich nie mehr Lust auf einen Neuversuch verspürte. Damals hatte ich etwas über ihn gelernt – allerdings zu meinem Nachteil.

Ich erinnere mich auch einer anderen Lektion, die mir an seinem Tisch zur Zeit der Trinksprüche erteilt worden ist, ehe ich ihm jene Frage stellte, die mir die Bezeichnung «ein Stück lebendiges Fleisch» eingetragen hatte. Mein Glas war bereits mehrmals mit Armagnac gefüllt worden – einmal pro Trinkspruch. Da ich es nicht gewohnt war, so viel Alkohol zu trinken, gebrauchte ich eine List, indem ich mein Glas halb voll liess, um es erst im allerletzten Moment zu leeren. Monsieur Gurdjieff hatte dies bemerkt: *«Man soll nicht mit Nahrung in Mund trinken. Denn Alkohol: nobel; will allein sein in Gaumen.»*

Einen Augenblick später wandte er sich an meinen Nachbarn: *«Direktor! Machen Sie immer nur eine Sache aufs Mal, jene des Augenblicks. Aber machen Sie sie gut. Seien Sie ganz dabei. Um so schlimmer, wenn unterdessen Millionengeschäfte an der Türe warten. Der Mensch hat immer sieben Sachen gleichzeitig zu erledigen; verfährt er aber auf diese Weise – selbst bei einer kleinen Sache –, so erledigen sich die anderen sechs von alleine»*.

Ich weiss nicht, ob dieser Rat auch mir hätte gelten

sollen. Ich hatte ihn jedenfalls gehört und daraus meinen Nutzen gezogen. Ich entdeckte, dass er sich oft an einen anderen wandte, wenn er jemandem etwas zu verstehen geben wollte. Er wusste die Eigenliebe eines Menschen sowohl zu provozieren als sie auch mit List und viel Feingefühl einzuschläfern.

Gurdjieff war ein Meister der Kunstgriffe, und auch ein Meister der Verkleidungskunst. Denn die Wahrheit kann nicht völlig nackt durch die Strassen wandeln – man muss ihr Kleider leihen, auf dass wir ihren Anblick ertragen können.

Einst bezeichnet er sich selbst als Meister des Tanzes.

Um ehrlich zu sein, muss ich zugestehen, dass sich irgendwo in mir eine Angst versteckt hielt – Angst vor der Hingabe an den Tanz mit meinem ganzen Ich, Angst vor dem Unbekannten. Von dieser Angst hatte ich bereits in verschleierten Worten mit ihm gesprochen, als wir zum ersten Mal die Klingen kreuzten.

Von wo ist dieser Mensch gekommen, der es sich zur Aufgabe gemacht hatte, unseren Schlaf zu unterbrechen und uns aufzuwecken? Er besass diese Kraft. Aber in wessen Namen nutzte er sie – und mit welchem Ziel?

Falls er uns den geringsten Hinweis gegeben hätte, mit dessen Hilfe man ihn einer mir bekannten «historischen» Kategorie – philosophischer, ethischer oder religiöser Art – hätte zuweisen können, dann wäre ich wahrscheinlich beruhigt eingeschlafen.

Denn wir, die anderen Europäer, benötigen Wörterbücher und Lexika, um unseren unersättlichen Wissensdurst zu stillen, *indem wir stets vom Bekannten auf das Unbekannte schliessen.*

Wir mögen uns noch so sehr von allen Vorurteilen und modischen Einflüssen befreit glauben – wir sind deshalb nicht weniger von jener Denkweise befangen, die uns von Kindheit an eingeprägt worden ist: wir gehen von Begriffsbestimmungen (Definitionen) aus. Das ist das, was man als «Vorliebe für klare Gedanken» bezeichnet. Mit blossem Anhäufen von Definitionen erreichen wir den Zustand, wo wir «alles wissen und nichts verstehen».[6] Man erinnere sich des tragischen Aufschreis jenes Afrikaners, der sagte: «Die Weissen denken zuviel!»

Wenn ich heute den *Petit Robert* oder irgendeine andere Enzyklopädie zur Hand nehme, so werde ich darin den Namen Gurdjieff (Georges Ivanovitch) nicht finden.

Vielleicht sollte ich mich darüber freuen, statt es zu bedauern.

Gurdjieff fand stets einen Weg, von jenen, an die er sich wandte, verstanden zu werden. Und dies, obwohl er die Grammatikregeln der zahlreichen von ihm gesprochenen Idiome nicht kannte. Er ging mit diesen Sprachen äusserst ungezwungen um; so vermischte er beispielsweise das Französische oder Englische mit russischen, griechischen und anderen Ausdrücken, die er auf bewundernswerte Weise ihrer Wirkungskraft entsprechend auszusuchen wusste.

Ich möchte hier nicht sein Nichtwissen in bezug auf die Syntax hervorheben, sondern sein grosses Interesse für den Wortschatz im allgemeinen unterstreichen. Im übrigen hätte diese Nichtkenntnis der Syntax auch bloss Verstellung sein können, da er in einem Gespräch mit grösstem Feingefühl die kleinste Nuance begriff . . . Wieviele Diskussionen gab es doch, um den Unterschied zwischen «Fühlen» und «Empfinden» oder zwischen «Erholen» und «Ausspannen» auszuloten! Diese Auseinandersetzungen, die sich schnell zwischen dem einen oder andern von uns einstellten, waren für ihn, so glaube ich, eine Art Erholung; er sorgte dafür, dass er stets das letzte Wort hatte. Er war neugierig auf köstliche volkstümliche Ausdrücke – d. h. solche, die sich auf das Rotwelsch bezogen –, während ihn die «gute Sprache» langweilte.

Ich erinnere mich, dass er mich eines Tages (ganz am Anfang unserer gegenseitigen Beziehung) gefragt hatte: «Was machen Sie im Alltag, Demi-Petit?» Ich stellte damals Dokumentarfilme her, bei deren Produktion ich als «Regisseur» wirkte. Aber ich fand diesen Ausdruck etwas zu pompös, um ihn in seiner Gegenwart zu benutzen. Damals begann man für die Bezeichnung meines Berufes den viel einfacheren und präziseren Ausdruck «Réalisateur» zu verwenden; ich fürchtete, dass er ihn nicht begreifen würde. Ich sagte ihm deshalb, dass ich Dokumentarfilme «erschaffen» würde. «Erschaffen?» Es war, als ob ich ein unglaublich obszönes Wort ausgesprochen hätte. «Sie nicht erschaffen. Sie scheissen!»

Er liess sich weitläufig über dieses Thema aus, das mir eine Antwort in Erinnerung rief, die mir einst ein Muselmane von vorbildlicher Frömmigkeit und Barmherzigkeit gegeben hatte. Es war in Mosul im Irak, und ich war von seinem Sohn, der in den Laboratorien der *Irak Petroleum Company* arbeitete (und somit bereits westlich beeinflusst war) zu ihm gebracht worden. Mit Hilfe des Sohnes, der mir als Dolmetscher diente, fragte ich den Alten, warum im Islam das

Fotografieren von Männern oder Frauen als unschicklich gilt. «Weil man dich am Tag des Jüngsten Gerichts auffordern wird, deinen Bildern eine Seele zu verleihen. Und das kannst du nicht vollbringen. Nur Gott hat die Macht, etwas zu erschaffen.»

Es war objektiver Zeitrechnung nach im Jahre 223 nach der Weltschöpfung oder, wie man auf Erden sagen würde, im Jahre 1921 nach Christi Geburt. Durch das Weltall flog das Zwischen-Raum-Schiff Karnak . . . auf diesem Schiff befand sich Beelzebub samt seinen Angehörigen und Getreuen . . .

Der Neuling, der bei Monsieur Gurdjieff einem Vorlesezyklus von *Beelzebubs Erzählungen für seinen Enkel* beiwohnte, war gezwungen, das interplanetare Schiff mitten im Flug zu erwischen oder sich dort anzuschliessen, wo es Beelzebub gefiel, das Schiff vor Anker zu lassen.

Die Passagiere dieser immensen Reise durch Zeit und Raum sowie durch die gesamte Abfolge von Zivilisationen unseres Planeten hätten sich irgendwo innerhalb des Sonnensystems befinden können. Ich hatte das Glück, in Tibet auf sie zu stossen, wo ihre kleine Karawane Zielscheibe zahlreicher Schwierigkeiten zu sein schien.

(Meine Kameraden hatten gerade noch Zeit gehabt, mich wissen zu lassen: «Du wirst sehen – es ist absolut nicht das, was du glaubst. Es werden sich sehr viele bizarre Ausdrücke finden, die dir unverständlich erscheinen. So musst du beispielsweise wissen, dass mit ‹dreihirnige Wesen› die Menschen gemeint sind.»

Rund um ihre Zeltlager entfachten sie des Nachts

grosse Feuer, um sich und die Vierfüssler vor anderen «zweihirnigen Wesen» zu schützen, die als «Löwen», «Tiger» und «Hyänen» bezeichnet werden.

Ich bin sofort vom Charme dieser Erzählung gefesselt worden. Aber wenn es sich – wie es mir schien – um die Physik des Globus und um «Erdbeben wie ein heftiges Zusammenzucken des Planeten» handelte, nahm ich gewissermassen etwas Abstand.

Vom Prozess des Vorlesens mitgerissen, hatte der Vortragende etwas allzuviel Ernsthaftigkeit in die Feststellung gelegt, wonach man mit Hilfe eines guten Teskuano von den Bergen Tibets aus beinahe die andere Seite der Erde sehen könne. (Ich benötigte kein Lexikon, um das Wort Teskuano zu begreifen).

Ich war noch relativ neu in dem Kreis, als wir eine schreckliche Geschichte zu lesen begannen; die Geschichte der unglücklichen Adepten einer als «Selbstbezwinger» bezeichneten Sekte, die ihren Tod in kleinen Zellen erwarteten, in die sie sich bei lebendigem Leib hatten einmauern lassen. Diese Zellen hatten nur eine Öffnung, die gerade gross genug war, um den Adepten alle vierundzwanzig Stunden mit grosser Ehrfurcht ein Stück Brot und einen kleinen Krug Wasser zu reichen.

Diese Erzählung hatte einen unvergesslichen Eindruck auf mich gemacht, so sehr, dass ich mich für einen Moment von den Worten einschläfern liess, als die Sprache auf den Planeten Mars, auf Korn und auf die Nahrungskette kam, die alles auf der Erde Existierende miteinander verbindet. Der Autor sprach mit offensichtlicher Zärtlichkeit von der Erde als von einem *«Planeten des langen und vergeblichen Leidens»* sowie von dessen grossen, von Wasser bedeckten

Weiten, die er mit einem wunderlichen Namen bezeichnete. Darin erkannte ich den Ozean, als ob ich ihn zum ersten Mal entdeckt hätte.

Das Kapitel war beendet, und ich glaubte, dass der Vorlesende aufhören würde. Aber schon fuhr er unerschütterlich weiter: *«Kapitel 23. Der Vierte persönliche Aufenthalt Beelzebubs auf dem Planeten Erde.»*

Nun war von neuen Personen die Rede; von einem gewissen Gornahur-Harharch, dessen Name für meine Ohren seltsam klang, und von dem man sagte, dass er der *«Wesensfreund»* Beelzebubs sei. Ferner gab es den Direktor eines Observatoriums auf dem Planeten Mars, den der Autor – ich verwechselte ihn in meinem Geiste mit Beelzebub – als «meinen Onkel Touilon» bezeichnete. Ich stellte fest, dass das Teskyano des Onkels das bis 7 285 000fache der Sichtbarkeit entfernter kosmischer Verdichtungen erreichte.

Wir hörten mit allergrösster Ernsthaftigkeit zu, darauf bedacht, uns nicht allzu rasch von der Müdigkeit überwältigen zu lassen. Ich spürte, dass man sich von Moment zu Moment dem Text hätte anpassen müssen; es war falsch, um jeden Preis den Sinn dessen ergründen zu wollen, das bloss als Scherz gemeint war. «Geduld bringt Rosen» – aber wie unterschied man das eine vom andern?

Dann folgte der berühmte Abschnitt über die Affen. Im Gegensatz zu der allgemeinen, seit meiner Kindheit in mir verwurzelten Ansicht, wonach der Mensch vom Affen abstammt, vernahm ich, dass letztere vom Menschen – genauer von der Frau – abstammen würden. Und dies, weil in längst vergangenen Zeiten, nach der atlantischen Katastrophe, die den

Männern das Leben gekostet hatte, die unglücklichen Frauen sich mit den Tieren paarten. Der Text besagte, dass sie «ihre Exioächery mit jenen von Vierbeinern verschiedener Spezies vereinigt» hätten. Daher die verschiedenen Affenarten.

Es handelte sich dabei, wie man heute sagt, um eine «glaubwürdige» Geschichte, die mit so viel guter Laune vorgetragen und mit derart tiefgründigen Erklärungen zur Dualität der Geschlechter bestückt war, dass ich mich fragte: War das nun ein Scherz (aber um uns was zu signalisieren?), eine Art Provokation oder einfach die reine Wahrheit, die «historische» Wirklichkeit?

Ich behaupte keineswegs, dass ich diese heikle Frage bis heute absolut geklärt hätte. Im Lichte der allerneuesten anthropologischen Erkenntnisse scheint der *Homo sapiens* sehr viel älteren Ursprungs zu sein, als man noch vor wenigen Jahren angenommen hatte; das berühmte «fehlende Glied», mit dessen Hilfe man die Abstammung des Menschen vom Affen hätte beweisen können, ist noch immer nicht gefunden.

Im Verlauf der späteren Lesungen bin ich oft auf ebenso verwirrende Fragen zu den Themen Physik, Biologie, Astronomie, Medizin und Ethnologie gestossen. Denn darin liegt der Charme von *Beelzebubs Erzählungen*: Man findet in ihnen wirklich alles – «selbst ein Rezept für Borschtsch», wie Gurdjieff hinzufügte.

Was das Ende des Kapitels betrifft, das ich an jenem Abend gehört hatte, so könnte ich nichts darüber erzählen. Wärme und Regungslosigkeit taten ihre Wirkung: Von einer monotonen Stimme gewiegt, war ich eingeschlafen.

Ich glaube, es war gerade von Theben, der Hauptstadt des zukünftigen Ägypten, die Rede, als ich aus dem Schlaf auffuhr: Man hatte uns aufgefordert, eine «Kette» zwischen Küche und Speisezimmer zu bilden.

Während dieser «Kettenbildung» – eine lange Geduldsprobe – hatte sich die Tür zweimal geöffnet, und Monsieur Gurdjieff war auf dem Plan erschienen. Er setzte sich für einige Augenblicke zu uns, ohne sein Vorlesen zu unterbrechen, und war dann zu seinem Kochherd, den er zu überwachen hatte, zurückgekehrt. Bei jedem Öffnen der Türe sind uns aus der Küche herrliche Gerüche entgegengeströmt.

«Die Kette bilden» bedeutete das gegenseitige Weiterreichen der Teller: leer auf dem Hinweg, gefüllt auf dem Rückweg. Eine einfache Bewegung, die um zehn Uhr abends, nach zwei Stunden des Stillsitzens, tiefe Befriedigung vermittelte. Alle Unterschiede des Alters, der Körpergrösse und des Geschlechts waren aufgehoben – von dem Moment an, wo sich die Kette bildete, funktionierte sie als Einheit. Hier zieht Monsieur Gurdjieff die Schüsseln aus dem Ofen, zerschneidet das Fleisch oder das Geflügel und verteilt die Portionen mit souveräner Autorität. Am andern Ende der Kette warten die gefüllten Teller; jede Portion ist mit Hilfe eines darübergestülpten Suppentellers vor dem Erkalten geschützt. Nach Beendigung dieses Balletts wird sich der Kreis wieder um den Tisch versammeln. Wir werden die wunderbaren Dinge, die Monsieur Gurdjieff für uns zubereitet hat, gemeinsam essen.

Ich bin etwas länger bei der Beschreibung dieser Kette verweilt, weil die Strecke zwischen Küche und

Speisezimmer (in der heutzutage gewisse Leute den Ablauf zwischen Produktion und Konsumation sehen würden) in mir genau das Bild jener grossen Kette weckte, die im gesamten Universum zwischen den Substanzen (oder Energien) unterschiedlichster Stufe vorhanden ist. Für Beelzebub besteht das ganze Universum, vom Atom bis zur entferntesten Galaxis, aus einem riesigen Prozess gegenseitigen Sich-Ernährens, den er «Iraniranumansch» nennt.

Monsieur Gurdjieff zeichnete sich in der Kochkunst ebenso aus wie in der Musik und im Tanz (oder Rhythmus). Aber ich möchte es nicht wagen, mich über Dinge zu äussern, von denen ich im einzelnen nichts verstehe; diesbezüglich erweise ich mich keineswegs als guter Schüler des Meisters. Zahlreiche Anekdoten zeigen, dass er sich des öftern den Spass erlaubte, den Mäzen an den Platz des Künstlers und den Künstler an jenen des Mäzens zu stellen. Dies gehörte zu seinen seltsamen Eigenheiten, die am wenigsten verstanden worden sind.

In einer vom Zweck und von der «Nützlichkeit» der Dinge besessenen Gesellschaft wie der unsrigen werden mit der Spezialisierung keine Spässe getrieben. Aus diesem Grunde sind die echten Allgemeinmediziner so selten.

In der Tat hatte ich festgestellt, dass sich Monsieur Gurdjieff auf dem Gebiet der Medizin auszeichnete. Ebenso kochte er wie ein Gastronom, der vom Wissen eines Weisen beseelt war – *«das, georgische Spezialität, kleines Huhn, Reis und Zwiebeln, man muss mit Fingern essen; das, kurdisches Dessert, wenn Verlobter sich erklärt und sie einverstanden, am andern Tag Verlobter lässt diese Speise der Verlobten bringen.»*

Er kannte sich auch in der Diätküche aus, wo die Wirkung jeder Speise und jeden Gewürzes auf den Organismus miteinbezogen wird.

Eines Tages riskierte ich eine diesbezügliche Bemerkung: «Monsieur, könnte man im grossen ganzen die Kochkunst als einen Zweig der Medizin betrachten?» Das brachte mir die Antwort ein: *«Nein, Medizin ist Zweig der Kochkunst.»*

Es war während (oder nach) dem Kriege. Die Proviantbeschaffung war zur Hauptbeschäftigung der Franzosen geworden. Ihr Wunsch, den Hunger stillen zu können, stand an erster Stelle. So ging des öftern auch jemand von uns zwischen zwei «Reisenächten» (und unter welchen Bedingungen!) Geflügel für den Tisch in der Rue des Colonels-Renard suchen; ein anderer, der einem professionellen Metzger noch etwas hätte beibringen können, wartete, ehe der Morgen dämmerte, in den kalten Markthallen, um einen möglichst fruchtbaren Handel abzuschliessen.

Essen ist die geheiligte Handlung, über die wir dasjenige absorbieren und uns einverleiben, was Gurdjieff als «die erste Nahrung» [7] bezeichnete.

Diese Handlung will geschätzt sein. Ihr wohnt der Wert eines Ordnungsrufes inne, lässt sie uns doch mit jenen Naturkräften kommunizieren, *bei denen wir stets vergessen, wie abhängig wir von ihnen sind.* Sie kann nicht auf jene Art und Weise erledigt werden, wie man einem Schwein das Fressen hinschüttet, während Geist oder Gefühle ihren eigenen Geschäften und Träumereien überlassen bleiben.

Aus diesem Grunde wurde das Nachtessen bei Monsieur Gurdjieff anfangs schweigend eingenommen, während die Gespräche – Fragen und Antworten, die oft einem Turnier gleichkamen – nach Beendigung der Mahlzeit stattfanden.

Ich weiss nicht, wie man die äusserst unterschiedlichen Eindrücke, die man im Verlauf dieser Mahlzeiten empfing, zusammenfassen könnte. Wenn ich mir heute diese Frage stelle, so würde ich von einem *Wiederfinden der Kindheit* sprechen; meine eigene Kindheit, die vom Lauf des Lebens abgeschnitten worden ist – hier fand ich deren Geschmack wieder. Ja, anstelle des alten jungen Mannes, der ich geworden war, trat wieder ein Kind. Ein Kind, das sich in keiner Weise für die Vergangenheit interessierte, das nur Erstaunen und Begeisterung für die Gegenwart empfand, die von allen Seiten auf es einstürmte. Die starken organischen, viszeralen und geschmacksnervlichen Empfindungen, die der Kindheit eigen und für die spätere Entwicklung eines menschlichen Wesens grundlegend sind, haben sich in meiner Erinnerung zum *Kern* all dieser Gespräche mit Monsieur Gurdjieff gewandelt.

Eines Abends, als ich in mein Hotelzimmer, das ich damals bewohnte, zurückgekehrt war, machte ich mir einige Notizen zu den Ereignissen des vergangenen Tages. Es dauerte nicht lange, bis meine Notizen zu Fragen wurden, die ich mir selber gestellt hatte. Danach verschwanden sie vollkommen, nachdem ich folgende Aufzeichnung, die ich heute in meiner Agenda finde, begriffen hatte: «Mittwoch, 25. Juli 1945. Es ist für mich stets viel notwendiger zu *arbeiten*, als Notizen zu machen.»

Ich muss im übrigen darauf hinweisen, dass in der Sprache Gurdjieffs das Vollziehen innerer Übungen, Meditation, Yoga usw. ... einfach als «arbeiten» bezeichnet wurde – eine Art Abkürzung des Begriffs «an sich selber arbeiten».

Falls man am Genie von Monsieur Gurdjieff zweifeln würde, so fände sich hier ein Gegenbeweis. Von allen Werten unserer Zivilisation war präzis jener der Arbeit der einzige, der (vor einigen Dutzend Jahren) noch intakt gewesen war.

Es ist nicht ohne Belang, darauf hinzuweisen, dass uns zu jener Zeit noch keinerlei Exposé über das Gedankengut Gurdjieffs zur Verfügung gestanden hatte. Die Schrift *Auf der Suche nach dem Wunderbaren* von P. D. Ouspensky war noch nicht publiziert.

Ich dachte, dass ich mit meinen Aufzeichnungen eine Spur des jeweiligen Augenblicks festhalten könnte; meine Hoffnung war, dass sich eines Tages beim Zusammensetzen dieser kleinen Bruchstücke vor meinen Augen – wie ein riesenhaftes Puzzle – die Konturen des *Kontinents Gurdjieff* abzeichnen würden.

Ouspensky hat nichts anderes gemacht, aber er hat es auf meisterhafte Weise getan. Mir standen weder seine intellektuellen Möglichkeiten, weder seine Eingebung noch sein *Beruf* zur Verfügung.

Da ich das Wort «Beruf» verwendet habe, möchte ich Ouspensky die Ehre erweisen und ein Zwiegespräch erzählen, dem ich zufällig beigewohnt hatte:

Man hatte Gurdjieff das Manuskript von Ouspenskys Buch gebracht, das unter dem Titel *Auf der Suche nach dem Wunderbaren* zuerst in englischer Sprache veröffentlicht werden sollte. Gurdjieff hatte davon Kenntnis genommen und es gutgeheissen. Jemand fragte ihn, was er von Ouspensky halte. Er antwortete: *«Ouspensky? Ja, er guter Journalist.»*

Diese lapidare Antwort hatte mich erstaunt, weil Ouspensky während sieben Jahren Gurdjieff Schritt für Schritt gefolgt war. Er hatte sich anschliessend von ihm getrennt, um völlig unabhängig in London zu unterrichten, und schliesslich hatte er ihm posthum nach Jahren dieses in seiner Genauigkeit und Treue bewundernswürdige Zeugnis zukommen lassen. Man wird die Bewertung durch Gurdjieff nicht verstehen, ja als despektierlich erachten, solange man dem Begriff «Journalist» nicht seinen wahren *beruflichen* Sinn zuspricht.

Ich widme diese Anekdote meinen – damit rehabilitierten – Journalistenfreunden.

Monsieur Gurdjieff war wie eine Welt für sich – eine Welt am Rande unserer Freunde und unserer Familien. Auf welche Weise, mit welchen Worten hätte ich von all dem, was ich da erlebte, berichten können – selbst wenn ich es meiner eigenen Mutter hätte erzählen wollen?

Dennoch unterlag ich eines Tages der Beharrlichkeit von Monsieur Gurdjieff und brachte – jedoch mit grösstem Widerstreben – meine alte Mutter zum Mittagessen mit.

Als sie mit einem Dutzend anderer Leute, die ich mehr oder weniger kannte, am Tisch sass, wusste ich nicht, ob die Neugier oder die Furcht in mir stärker war.

Zu dieser Zeit war sie noch von bemerkenswerter Aktivität. Da sie sich ohne Berechnung für all die Gedemütigten und Unglücklichen auf ihrem Lebensweg einsetzte, galt sie für einige als alte Verrückte, während sie die anderen als Heilige betrachteten. Hauptsache für sie war es, sich nie von der öffentlichen Meinung aufhalten zu lassen. Sie hatte mit zunehmendem Alter eine beträchtliche Kühnheit erlangt.

Ich war sicher, dass sie die komische Seite dieser Begegnung schätzen würde, wusste aber auch, dass sie sich eines übereilten Vordrängens nicht würde enthalten können. Sie war jedoch in ihrem Wesen zutiefst puritanisch geblieben; sie verabscheute alle alkoholischen Getränke, gewürzte Speisen konnte sie nicht ausstehen, und gewagte Geschichten bereiteten ihr Unbehagen.

Die Bange, die ich in diesem Moment um sie hatte, glich einer echt kindlichen Empfindung: Ich hätte ihr den Mantel Noahs um die Schultern legen wollen.

«Ich liebe jenen», sagt Gott, «der seine Eltern liebt. Und wisst Ihr, warum? Weil jener, der seine Eltern liebt, ihnen im Himmel ein Zimmer errichtet. Und wenn die Eltern sterben, Zimmer leer, und Gott betritt es.»

Die Sache nahm ihren Verlauf, wie ich es vorausgesehen hatte, mit dem Unterschied, dass ich sie zu Beginn der Mahlzeit ruhig an ihrem Platz sitzen sah. Ich beobachtete ihr Glas. Das von Monsieur Gurdjieff angebotene alkoholische Getränk – das sie schlussendlich angenommen hatte – schluckte sie, ohne sich lange bitten zu lassen, in einem Zug herunter, als ob es sich um einen Becher Gift gehandelt hätte. In einem günstigen Augenblick wandte sich Monsieur Gurdjieff an sie: «Wie viele Kinder haben Sie, Mutter?» – «Siebenundzwanzig», lautete die Antwort, und schon begann sie diese siebenundzwanzig zu erklären; arme, soeben aus dem Gefängnis von Poissy entlassene Jungen, die sie bei sich beherbergt hatte. Monsieur Gurdjieff liess ihr keine Zeit, diesen Faden weiterzuspinnen, indem er ihr anvertraute, dass er «fünfundsiebzig Frauen» besitzen würde ... Eine Mitteilung, von der sie sich nicht erholen konnte.

Nach Poissy, wo sie wohnte, zurückgekehrt, telefonierte mir meine Mutter anderntags und erzählte mir, dass sie die ganze Nacht krank gewesen sei, und dies aufgrund des Alkohols, den sie bei «meinem alten Herrn» getrunken habe. Nachdem sie die ganze Mahlzeit erbrochen hatte, fühlte sie sich besser.

Ich glaube, dass zwischen uns das Thema «6, Rue des Colonels-Renard» nie mehr aufgegriffen worden ist.

Monsieur Gurdjieff kam später darauf zurück und sagte: *«Ihre Mutter? Letztes Mal: Gast. Nächstes Mal: Schülerin.»*

Meine Liebe zu ihr ging nicht so weit, dass ich sie in diesen Glutofen hätte stürzen wollen.

Das wiederholte Versprechen, das ich mir selbst gegeben hatte, nämlich nicht mehr über unsere *Arbeit* zu schreiben, habe ich nie vollkommen eingehalten.

Eines Tages hatte ich in einem Notizbuch folgende Überlegung aufgeschrieben, die sich mir aufgedrängt hatte:

«Diese Lehre ist eine männliche Version des Evangeliums.»

Wann machte ich diese Notiz? Ich weiss es nicht. Sicherlich zu einer Zeit, wo uns weder die Schrift *Auf der Suche nach dem Wunderbaren* noch eines der Bücher Gurdjieffs zur Verfügung standen.[8] Ansonsten hätte man sich davon überzeugen können, dass letzterer seine Lehre genau als christliche Esoterik definierte.

Aber die Sache ist uns nicht auf diese Weise präsentiert worden. Es muss hier in Erinnerung gerufen werden, dass die Unterweisung Gurdjieffs stets nur mündlich stattgefunden hatte, und dass sie spontan der jeweiligen Situation oder den Zwiegesprächen mit seinen Schülern entsprungen war. Ich kann bezeugen, dass ich ihn in all den Jahren, in denen ich ihn gekannt habe (diese Einschränkung ist wichtig), nie habe «dozieren» sehen. Allein die Vorstellung, ihn als Vorsitzenden einer Konferenz oder als Prediger auf der Kanzel zu sehen, erschien mir absurd.

Es trifft zu, dass er seinen Aufenthaltsort – sei es in Frankreich oder anderswo – nie ohne Gefolge veränderte: ich meine damit die bunte Kohorte seiner Schüler, die das Erstaunen des Hotelpersonals und der Polizeiobrigkeit hervorrief. Diese wussten zweifellos nichts von diesem bereits im Altertum vorhandenen Status gegenseitigen Getragenseins: Der Meister lebt von seinen Schülern und diese verbringen ihren Alltag unter dem wachsamen Auge des Meisters.

In dem Moment, wo mich der Gedanke wie ein Blitz durchzuckte, dass diese Lehre nichts anderes als die in eine andere Sprache umgesetzte Version des Evangeliums sei, ergriff mich eine grosse Freude. Gleichzeitig aber auch eine gewisse Unruhe. Warum? Um es einfach zu sagen: ich hatte das Gefühl, in einen privaten Bereich vorzudringen. Denn das Christentum ist nicht von gestern. Es gehört von Rechts wegen den Heiligen und den Theologen. Darüber hinaus ist es klar – selbst wenn dies heute weltweit in Frage gestellt wird –, dass es noch immer die Basis unserer Institutionen, unserer Codes sowie unserer Ethik darstellt und unser Denken zutiefst durchtränkt. Könnte dem in der Tat so sein, dass wir das Christentum bis heute in dieser unbekannten Lehre nicht erkannt hätten?

Um es in einer Form wiederzuerkennen, die man bis dahin nie gesehen hat, müsste man die *Essenz* gekostet haben (die ihren Geschmack über alle Veränderungen ihrer Erscheinungsform hinweg beibehält). Die Essenz des Christentums? Man verlasse sich nicht auf meinen Versuch, etwas zu definieren, dass ausserhalb jeglicher Erklärung zu liegen scheint. Dennoch wäre es fehl am Platz, ein Nichtwissen vortäuschen zu wollen.

Wenn ich die Evangelien aufschlage, treffe ich auf geballte Kraft: Die Worte sind von so glasklarer Intelligenz, dass man sie nie mehr vergisst.

> Was siehst du aber den Splitter in deines Bruders Auge, und wirst nicht gewahr des Balkens in deinem Auge? *Matthäus 22, 17–22*

> Das sprachen sie aber, ihn zu versuchen, auf dass sie eine Sache wider ihn hätten. Aber Jesus bückte sich nieder und schrieb mit seinem Finger auf die Erde. Als sie nun anhielten, ihn zu fragen, richtete er sich auf und sprach zu ihnen: Wer unter euch ohne Sünde ist, der werfe den ersten Stein auf sie.
> *Johannes 8, 3–11*

Darum sage uns, was dünkt dich: Ist's recht, dass man dem Kaiser Zins gebe, oder nicht?
Da nun Jesus merkte ihre Schalkheit, sprach er: Ihr Heuchler, was versuchet ihr mich?
Weiset mir die Zinsmünze! Und sie reichten ihm einen Groschen dar.
Und er sprach zu ihnen: Wes ist das Bild und die Überschrift?
Sie sprachen zu ihm: Des Kaisers. Da sprach er zu ihnen: So gebet dem Kaiser, was des Kaisers ist, und Gott was Gottes ist! *Matthäus 22, 17-22*

An ihren Früchten sollt ihr sie erkennen. Kann man auch Trauben lesen von den Dornen oder Feigen von den Disteln? *Matthäus 7, 16*

Ihr seid das Salz der Erde. Wo nun das Salz dumm wird, womit soll man's salzen? Es ist hinfort zu nichts nütze, denn dass man es hinausschütte und lasse es die Leute zertreten. *Matthäus 5, 13*

Diese Worte, die so oft zitiert und vorgetragen worden sind, dass man sie für abgestanden wie zu alter Wein halten könnte, sind frisch und lebendig wie stets zuvor.

Aber es wäre ein Irrtum, wollte man die Evangelien nur als Buch der Weisheit im Stile taoistischer oder konfuzianistischer Schriften lesen. Sie erzählen auch ein Ereignis von historischer Bedeutung, das auf die Menschheit einen derart starken Einfluss ausübte, dass man heute nicht mehr weiss, ob die Geschichte den innern Wert eines riesigen Mythos besitzt oder ob letzterer – wie einige behaupten – die Form einer Geschichte angenommen hat, die man sich seit zweitausend Jahren von Generation zu Generation weitererzählt und der man in Kirchen und auf öffentlichen Plätzen in Form eines Mysterienspiels gedenkt.

Das Szenario hat sich im Lauf der Zeit nicht verändert. Aber jedes Jahrhundert erzählt die Geschichte auf seine Art, so dass der Mythos zu einem Spiegel geworden ist.

So hat das neunzehnte Jahrhundert von Jesus, dem im Mittelpunkt stehenden Helden, nur dessen Mitleid, seine Sanftheit und Gewaltlosigkeit beibehalten. Dies ist das Bild, wie es uns beispielsweise von Renan übermittelt wird. Wenn heute das Charakteristische an Jesus betont wird, dann geschieht dies, um ihn an die Spitze der Rebellen aller Zeiten zu stellen und ihn für die Verteidigung der unterdrückten Klassen zu engagieren. Kurz gesagt, um ihn auf gleicher Ebene gegen Cäsar kämpfen zu lassen. Das ist nach wie vor Saint-Sulpice,[9] jedoch mit umgekehrten Vorzeichen. Auf diese Weise ist er von der Politik «zurückerobert» worden.

Kern der Geschichte – das, was sie unvergesslich gemacht hat – ist jedoch die Schande des von einer Verschwörung unbewusster Geister zum Richtplatz geführten Gerechten; verlassen und gedemütigt stirbt er am Kreuz. Und am dritten Tag der Triumph des Lebens – die Nachricht «Christus ist auferstanden», die sich mit erstaunlicher Geschwindigkeit in der griechisch-römischen Welt und weit über diese hinaus verbreitet.

Gurdjieff kam nur selten auf diese Frage zu sprechen, da er uns in dieser Hinsicht absolut keine Kompetenz zubilligte.

«Stellen Sie sich vor», schrieb er, «dass ein kultivierter Europäer, *d.h. ein Mensch, der nichts über die Religion weiss,* Gelegenheit erhält, einen religiösen Weg zu wählen. Er wird nichts wahrnehmen . . .»
Als Ouspensky fragt: «Inwiefern steht die von Ihnen vorgestellte Lehre in Zusammenhang mit dem Christentum, wie wir es kennen?» hatte er sich von G. folgende Antwort eingehandelt: «Ich weiss nicht, was Sie über das Christentum wissen. Wir müssten viel und lange darüber reden, um uns klar zu werden, was Sie unter diesem Begriff verstehen. Aber zum Nutzen derjenigen, die bereits wissen, möchte ich Ihnen sagen: dies ist esoterisches Christentum.»

Gurdjieff hat mit diesen Worten zu Schülern gesprochen, die wir als «christlich» (mit all den implizierten Einschränkungen) bezeichnen können, da sie zum vorrevolutionären Russland gehörten; ihr persönliches Suchen hat sie entweder dazu gebracht, sich von einem Einfluss befreien zu wollen, der sie enttäuscht hatte, oder dessen Geheimlehren zu erforschen, um die essentielle Bedeutung wiederzufinden.

«Nur jener ist Christ», erklärte er eines Tages Schülern, die aus Amerika oder England gekommen waren, um ihn in der Prieuré in Avon aufzusuchen, «der die Gebote Christi *in die Tat* umzusetzen weiss.» Indem er an das bekannte Gebot «Liebe deinen Nächsten wie dich selbst» anknüpfte, fragte er, wer dazu fähig sei. «Je nachdem, ob Sie eine Tasse Kaffee getrunken oder nicht getrunken haben, lieben Sie oder lieben Sie nicht.»[10]

«Dr. X, wenn man Sie auf die rechte Wange schlägt, werden Sie dann die linke hinhalten?»

> «Die Gebote sind in unserer Vorstellung als Ideal vorhanden, aber die Wissenschaft, die uns befähigen würde, dieselben zu befolgen, ging verloren. Dennoch bildet diese Wissenschaft den anderen Teil des Christentums: dessen Esoterik. Sie ist in gewissen Schulen erhalten geblieben. Jeder von Ihnen kann während seines Aufenthaltes in dem in der Priorité eröffneten Institut Zugang dazu finden – sozusagen eine Initiation erleben –, *vorausgesetzt, dass Sie dessen bedürfen.*»

Auf diese Weise sprach er über das Christentum nur mit Leuten, die von der Bedeutung der christlichen Lehre bereits einen gewissen Begriff hatten.
Wie man weiss, bedeutete ihm Etikette wenig. Jüdisch, christlich, buddhistisch, lamaistisch, islamisch ... wenn man bis ins Mark vordringt, stösst man – unter verschiedenen Namen – auf dieselbe Wahrheit.
Er hatte diese Dinge bereits im Jahre 1916 seinen Schülern in Moskau erklärt, und wir besitzen dazu den sehr genauen, von Ouspensky verfassten Bericht:

> «Rufen Sie sich stets in Erinnerung», sagte er, «dass jede echte Religion – ich spreche von jenen, die von in der Tat weisen Menschen mit genauem Ziel gegründet worden sind – aus zwei Teilen besteht. Der erste Teil besagt, *was getan werden muss;* er gehört in den Bereich des Allgemeinwissens und wird im Verlauf der Zeit in demselben

Masse korrumpiert, wie er sich von seinem Ursprung entfernt. Der andere Teil gibt die Unterweisung, wie man die Lehre des ersten Teils *in die Tat umsetzt.* Letzterer ist heimlich in gewissen Schulen erhalten geblieben, und mit seiner Hilfe ist es jederzeit möglich, Verfälschtes zu berichtigen und Vergessenes zu rekonstruieren.»
«Ohne diesen zweiten Teil gibt es keine Kenntnis der Religion, oder dieses Wissen bleibt jedenfalls unvollständig und äusserst subjektiv.»
«Dieser geheime Teil ist sowohl im Christentum als auch in allen anderen echten Religionen vorhanden. Er zeigt, *wie* man die Vorschriften Christi befolgt und was diese in Wirklichkeit bedeuten.»

Wie ist der Grundton, den wir aus den folgenden Worten heraushören?

– *Glücklich, wer keine Seele besitzt . . . Selig jener, der eine Seele besitzt . . . Aber Unglück für jenen, dessen Seele im Entstehen ist . . .*
– *Das Heute ist dazu da, das Gestern wiedergutzumachen und das Morgen vorzubereiten.*
– *Jene, die im Verlauf ihres Erwachsenenlebens nichts gesät haben, werden in Zukunft nichts zu ernten haben.*
– *Alles Leben ist ein Abbild Gottes. Jener, der das Abbild wahrnimmt, wird das sehen, was es darstellt . . . Derjenige, der das Leben nicht liebt, liebt Gott nicht.*[11]

Wie oft hat er diesen Gedanken seinen Schülern gegenüber zum Ausdruck gebracht, nur um den Menschen (der noch nicht geboren ist) aus dem Tier (das mit ihm trächtig ist) auszutreiben. Die beiden einzigen Mittel, um dies zu bewerkstelligen, sind «*bewusstes Arbeiten, und freiwillig übernommenes Leid*».

Dies war das Alpha und das Omega seiner Lehre, seine letzte Botschaft, die Flasche, die er ins Wasser warf, ehe er im Ozean verschwand.

Man müsste blind und taub sein, wollte man die Wesensgleichheit, die zwischen diesem Gedanken und der christlichen Tradition besteht, nicht erkennen.

Wenn ich von einer «männlichen Version» des Evangeliums spreche, muss ich in Erinnerung rufen, dass ich vor beinahe fünfundsiebzig Jahren in die protestantische französische Bourgeoisie hineingeboren worden bin. Zu dieser Zeit, die noch bis zur Karikatur ihrer selbst gesteigerte Spuren des neunzehnten Jahrhunderts aufwies, schien die Wissenschaft objektiv und schonungslos – in einem Wort «männlich» – zu sein. Die Religion galt hingegen als subjektiv, sentimental und mitfühlend, in einem Wort: als «weiblich». Diese beiden Standpunkte, die man sowohl als ergänzend wie auch als unvereinbar erachtete, bildeten die Grundlage des männlich-weiblichen Dialogs. Ich erinnere mich gut, dass die Männer unter sich nur in ziemlich ironischem Tonfall über die Religion sprachen – als ob es sich dabei um ein Zugeständnis an die Schwäche der Frau gehandelt hätte. Nur bei Beerdigungen mässigten sie ihren Hochmut.

Man könnte heutzutage genau so gut das Gegenteil bekräftigen. Die Wissenschaftlichkeit (ebenso wie der politische Militantismus) basiert auf dem Gedanken eines unbegrenzten Fortschritts – auf leichtsinnig vorgebrachte Entdeckungs- und Realisationsversprechen. Diese Wissenschaftlichkeit bewirkt eine oft fanatische Ergebenheit, die eher weiblich denn männlich ist. Indessen verlangt die metaphysische Unruhe – die Grundlage der Religion –, dass man den Mut hat, furchtlos Fragen ins Auge zu blicken, auf die es offensichtlich keine Antwort gibt; eine Haltung, die ich als ausgesprochen männlich bewerten würde.

Im jüdischen Glauben, im Islam – ohne Erbteil eines der Geschlechter zu sein – rühmt die Religion vor allem die Männer.

Das frühe Christentum, jüdischer oder griechischer Herkunft, weist dieselbe Grundstimmung auf.

> *Simon Petrus sagte zu ihnen: Dass Mariam von uns gehe, denn die Frauen sind des Lebens nicht würdig. Jesus sagte: Siehe, ich will sie so wandeln, dass ich sie zu einem Manne mache, auf dass auch sie ein lebendiger Geist werde, wie ihr es seid, ihr Männer. Denn jede Frau, die sich selber zum Manne macht, wird ins Himmelreich eingehen.*[12]

Einige Berichte lassen den Gedanken aufkommen, dass Gurdjieff auf den Klerus nicht gut zu sprechen war. Wie sollte ein zutiefst religiöser Mensch gegenüber den Kirchenfunktionären nicht eine instinktive Abneigung an den Tag legen? Das berühmte Beispiel, das mir soeben in den Sinn kommt, ist jenes des Jesus von Nazareth, der seinen Henkern schlussendlich vom Hohenpriester ausgeliefert worden ist, nachdem er sich sein Leben lang am Formalismus der von ihm als «Otterngezücht» und «getünchte Gräber» bezeichneten Pharisäer gestossen hatte.

Der Antiklerikalismus Gurdjieffs zielte nicht nur auf den Popen, auf den Prior oder den Patriarchen, sondern genau so auf die Priester anderer Konfessionen ab, mochten diese nun in Zivil oder unter anderer Verkleidung auftreten. Er traf damit jenen Kulminationspunkt unserer eigenen Trugbilder, den er als «votre Monsieur Dieu» (Ihr Herr Gott) zu bezeichnen pflegte; eine auf unser Bild zugeschnittene Persönlichkeit, die während eines Spaziergangs in ihrem Garten Zigarren aus der Tasche zieht, um diese – wie in dem Film *Green Pastures* – an die Auserwählten zu verteilen.

Allen von uns wird die mit grossem Gepränge in der russischen Kathedrale an der Rue Danu in Paris abgehaltene Trauergottesdienst für Monsieur Gurdjieff unvergesslich bleiben. Ich glaube, dass auch die Mitglieder des Klerus, die an jenem Tag die Messe lasen, die Zeremonie kaum vergessen werden. Die Aufmerksamkeit war so gross, als ob ein Bündel Flammen über dem Sarg gelodert hätten. Wie bei allen orthodoxen Gottesdiensten stand die Trauergemeinde aufrecht und in absoluter Stille da – niemand erlaubte sich, wegzugehen, ehe die letzten Lichter gelöscht und der Heiligenschrein geschlossen worden war.

Woher ist Gurdjieff gekommen? Wir wissen nichts über seine Jugend und ebensowenig über die Stadt, wo er geboren worden war. Die bis dahin von Griechen und Armeniern bevölkerte Provinz Kars ist einige Jahre nach seiner Geburt von Russland annektiert worden. Im Rahmen der grossen, alles überrollenden westlichen Technologie-Welle, die das Zarenreich mit seinen Telegrafen, Eisenbahnen und Funktionären damals verkörperte, drang er bis ins Innere Zentralasiens vor, um Klöster und Orte aufzusuchen, wo geheimes Wissen erhalten geblieben war. Über diese Zeit seines Lebens sprach er nie mit uns.

Von dem Moment an, wo er erneut in Russland auftauchte (das damals noch das heilige zaristische Reich war), ist uns seine Wanderung von Osten nach Westen besser bekannt. Es lässt sich nur schwer sagen, ob dieser Weg auf den jeweiligen Umständen oder einer Schicksalsfügung beruht – oder ob er ein Beweis dafür ist, dass G. eine Mission nach dem Westen auf sich genommen hatte.

In Paris, wo er sich niederliess, gehörte er der ersten grossen Welle von Exil-Russen an. Das Château Prieuré in Avon bei Fontainebleau, das er im Jahre 1924 erwarb, um sein *Institut für die harmonische Entwicklung des Menschen* zu eröffnen, gehört bereits der Geschichte an (die allerdings so nahe liegt, dass man sie fast mit Händen greifen kann), aber sie ist auch Legende, da wir von dem dortigen Leben nur aufgrund der aussergewöhnlichen Erzählungen jener wissen, die es miterlebt haben.

Es ist bemerkenswert, dass Gurdjieffs Bewegung in Richtung Westen weder in Frankreich – einem wahrlich westlichen Kap Europas – noch auf der «kleinen mutigen Insel vor Frankreichs Küste» Halt machte. Als «kleine mutige Insel» hatte einst ein humoriger Journalist England umschrieben, als wir alle von der Landkarte einer «freien Welt» verschwunden waren und Grossbritannien allein den Achsenmächten gegenüberstand.

Gurdjieff besuchte mehrmals die Vereinigten Staaten, wobei er vor seinem Tod sicher sein wollte, dass seine Lehre dort festen Fuss gefasst hatte.

Woher ist Gurdjieff gekommen – oder vielmehr, von wo ist er zurückgekehrt? Aus einem Exil, einem langen Exil, wobei man nicht sagen könnte, dass er das Ganze einfach erduldet hätte, da er diesem Exil eine Bedeutung gegeben und sämtliche Konsequenzen auf sich genommen hatte. In diesem Licht besehen, wurde die zelebrierte Seelenmesse nach seinem Tode zur Rückkehr aus dem Exil ins Land seiner Geburt. Im Beisein seiner beiden wiedervereinigten Familien – jene des Blutes und jene des Geistes – ist er in die mütterlichen Arme der Kirche zurückgeführt worden.

Wie unwissend wir in bezug auf die liturgische Sprache der Orthodoxen Kirche auch gewesen sind, so erkannten wir dennoch das *Gospodi pomiluj* und das *Kyria eleison,* Worte, die all seinen Vorfahren Trost gespendet hatten.

In der Tat befinden wir uns alle im Exil, denn mit dem Eintritt in diese Welt sind wir aus dem unbekannten Land unserer Herkunft verbannt worden. Wenn wir die Kindheit hinter uns lassen, fühlen wir uns aus deren grünem Paradies vertrieben. Und schliesslich klammern wir uns noch bis zuletzt an das Leben, anstatt uns auf das Unvermeidliche vorzubereiten.

Nun, charakteristisch für Gurdjieff war, dass er der Vergangenheit nicht nachtrauerte. Die anatolische Hochebene, die Stupas des buddhistischen Asiens, die goldenen Kuppeln russischer Kirchen oder der vulgäre Lärm des Broadway? Eines war ihm wie das andere – da er sich überall im Exil befand, war er überall zu Hause.

In der Rue des Acacias in Paris gibt es ein Bistro, an dem ich nie vorbeigehen kann, ohne mich umzuwenden und einen Blick ins Innere zu werfen. Dort hatte ich Monsieur Gurdjieff mehrmals auf einer mit rotem Baumwollstoff bezogenen Bank sitzen sehen – von wo aus er die stets neue und immer gleiche Komödie beobachtete, die sich rund um die Theke herum abspielte. Für einen Augenblick Monsieur Gurdjieff wahrzunehmen, ohne von ihm gesehen zu werden, war allzu aussergewöhnlich, als dass ich es je vergessen könnte. Ich erinnere mich, dass sein Gesicht – das von Mitleid für die Menschen erfüllte Gesicht eines alten Athleten – von einer gewissen Melancholie überschattet war, als gehörte er bereits zu einem «Anderswo», dessen Namen er uns nicht nennen würde.

Das war während der letzten Jahre seines Lebens.

Der seinem Wesen nach christliche Grundton jener Lehre, die von Ouspensky so zutreffend als «unbekannt» definiert worden ist, wird im allgemeinen nicht bemerkt. Dass Gurdjieff dies beabsichtigt hatte, darüber bestehen keine Zweifel. Wenn er uns offenbart hätte, dass er direkt aus den Evangelien lehrte – was meiner Meinung nach beim Lesen seiner Werke spürbar wird –, so wären daraus die schlimmsten Missverständnisse entstanden. Für eine vertrauliche Mitteilung dieser Art waren wir nicht *reif* genug.

Unser Unterscheidungsvermögen ging in dieser Hinsicht nicht weiter als das jener Kuh, deren Geschichte er gerne zu erzählen pflegte. Diese von ihrem Besitzer aufs beste gepflegte Kuh ging jeden Tag auf die Wiese und kehrte am Abend allein in ihren Stall zurück, ohne dass ihr jemand hätte den Weg zeigen müssen. Sie machte stets, ohne sich jemals zu irren, vor ihrer Türe halt, stiess das Schutzgatter zur Seite, trat ein und fand ihre Tränke und ihre Futterkrippe wieder. Eines Abends hielt sie vor einer Tür inne, welche die *ihre* zu sein schien, die sie aber nicht wiedererkannte, da sie jemand im Verlauf des Tages rot angemalt hatte.

Gurdjieff wusste auf unwiderstehliche Weise die zwischen «ja, das ist die Tür meines Stalles» und «nun, das ist sie vielleicht doch nicht» hin-und hergerissene Kuh zu beschreiben.

Die Unschlüssigkeit des Rindviehs, seine von einem Schimmer des Bewusstseins gestreifte Massigkeit, ist zu unserer Angelegenheit geworden, da das Tier der Fabel den Menschen versinnbildlicht.

Um diese Situation heraufzubeschwören, nahm er den uns wohlbekannten, zugleich spöttelnden und bemitleidenden Tonfall an, mit dem er jemanden wie einen *slovatsch* – der russische Ausdruck für Schurke – behandelte. Denn der Mensch und das Tier haben alle beide auf der grossen Leiter, die alle Kreaturen miteinander verbindet, ihren Standort.

Wer war auf die Idee gekommen, jene Tür rot zu bemalen? Eine Frage, die nicht aufgeworfen werden sollte. Dennoch erinnere ich in diesem Zusammenhang gerne an Luther und seinen am Vorabend der Reformation vollbrachten Thesenanschlag an der geschlossenen Kirchentür zu Wittenberg – oder an Gurdjieff, wie er nach zwanzig Jahrhunderten des Christentums unter einer tantrischen Maske gegen Westen vordringt.

Paul Valéry hat gesagt: «Denken heisst den Faden verlieren.» Eine überraschende Formulierung? Vielleicht deshalb, weil er von echtem Denken sprach, einem Denken, das fähig ist, sich selber zu hinterfragen. Er meinte nicht jenes Denkvermögen, das mit dem Strom schwimmt und dem Lauf von Gedankenassoziationen folgt, so dass jede aktive, voll engagierte Hinterfragung unseres Geistes aufhört.[13]

Ich strebe keineswegs eine diskussionslose Anerkennung des Gedankens an, wonach Gurdjieff christlich gewesen sein soll. Ich weigere mich, wie ein Erteiler der priesterlichen Weihe nur in «Ja» und «Nein» zu denken. Die Frage, ob Gurdjieff christlich oder nicht christlich (oder gleichzeitig beides) war, ist allzu bedeutsam, als dass man sich dessen mit einer oberflächlichen Überlegung entledigen könnte.

Denn die Krise, an der wir auf dem Planeten Erde beteiligt sind – und von der selbst die Grundpfeiler unseres Daseins und unserer Zivilisation erschüttert werden –, ist jene, die das Ende des Christentums bedeutet.

Ist es möglich, dass vor unseren Augen dem alten Baum des Christentums ein neues Wurzelreis entspringt?

Um sich davon zu überzeugen, müsste man vielleicht die christlichen Dogmen der *Offenbarung*, der *Menschwerdung Jesu*, der *heiligen Dreieinigkeit*, der *Erlösung*, der *Gemeinschaft der Heiligen* und der *Auferstehung* zitieren. Jeder einzelne dieser feierlichen Gedankenträger müsste überprüft und aus den Museen geholt werden, wohin man sie – wohlbemerkt, mit Hilfe der Theologen – verschoben hatte, um ihnen die Fülle ihrer Bedeutung wiederzugeben und sie mit den entsprechenden in der Gurdjieffschen Lehre enthaltenen Bestätigungen zu vergleichen.

Aber das würde weit über das mir selbst gemachte Versprechen hinausgehen, wollte ich doch von Monsieur Gurdjieff nur zwei oder drei wesentliche Dinge erzählen.

Beispielsweise die undogmatische und absolut praxisbezogene Art, wie Gurdjieff zu unterweisen pflegte: Dazu möchte ich erzählen, was mir am Vorabend zu Weihnachten (zum russischen Weihnachtsfest, das dreizehn Tage später als das unsrige gefeiert wird) passiert war. Ich war zu ihm eingeladen worden, wo ich auch noch einen anderen seiner Schüler antraf. Der Meister führte uns in den leeren Salon, in dessen Mitte Spielsachen, Naschwerk und Orangen ausgebreitet waren. Diese Dinge mussten in kleine Papiersäcke abgefüllt werden, damit jedes Kind seinen Anteil haben würde.

Ein hübscher, frisch vom Blumenmarkt gebrachter Tannenbaum liess erkennen, dass alles seinen gewohnten Verlauf nehmen würde. Ich übernahm die Aufgabe, aus ihm einen Weihnachtsbaum zu machen – dazu benötigte ich Girlanden, Kerzen und Sterne. Für einen geborenen Elsässer war das eine zutiefst befriedigende Arbeit.

Ich hatte meine Aufgabe beinahe beendet, als Gurdjieff eintrat, einen kurzen Blick auf unsere Arbeit tat und mir – indem er sich dem Baume näherte – mit einem Zeichen zu verstehen gab, dass die Tanne an der Zimmerdecke befestigt werden müsse. Ich traute meinen Augen nicht. «Aber . . . Monsieur . . . an dem Haken dort oben? Mit der Spitze nach unten und der Wurzel nach oben?» Genau das wollte er. Es blieb mir nichts anderes übrig, als die Tanne ihres Schmuckes wieder zu entledigen, auf einen Schemel zu steigen und sie mehr schlecht als recht mit der Wurzel nach oben an der Zimmerdecke zu befestigen. Was die Kerzen anbelangte, so hatte ich diesbezüglich keine Anweisungen erhalten, und Gurdjieff war bereits wieder aus dem Zimmer verschwunden.

Diese Geschichte macht einen perplex. Wie schnell sagt man: «Dieser Mensch macht nichts wie alle anderen. Hört auf, nach seinen Motiven zu fragen.» Im Gegenteil, ich gestehe ihm stets eine ganz bestimmte Absicht zu. Wie lautete sie in diesem Fall? Wer Ohren hat zu hören, der höre!

Die Lehre Gurdjieffs, mag man sie – entsprechend der eigenen natürlichen Neigung zur Faulheit – akzeptieren oder in Bausch und Bogen ablehnen, lässt sich nicht auf so billige Weise handhaben. Ihre belebende und provozierende Kraft ist unerschöpflich. Dazu zwei Beispiele.

Das erste scheint auf den ersten Blick nicht mit den vorher erwähnten, vorgefassten Meinungen in bezug auf die biblischen oder christlichen Dogmen in Verbindung zu stehen. Es handelt sich um *Beelzebubs Erzählungen für seinen Enkel.* Was bildet hier den roten Faden? Die Geschichte handelt vom Exil Beelzebubs, der wegen einer Mutwilligkeit, die er in seiner Jugend aus Hochmut begangen hatte, von seinem Geburtsplaneten verbannt worden ist. Im Verlauf einer langen Reise, die ihn an den äussersten Rand des Sonnensystems führte, musste er sich einer Reihe harter Prüfungen unterziehen, um auf diese Weise die ihm mangelnde Erfahrung und Weisheit zu erlangen. Man erkennt hier das in allen Traditionen vorhandene Szenario einer Initiations-Reise (Reise – Prüfung –

Erfüllung). Ein Christ würde es als die Geschichte einer Erlösung bezeichnen.

Gurdjieffs Herausforderung besteht darin, den Fürsten der Dunkelheit – das heisst Beelzebub – zum Helden dieser Geschichte auserkoren zu haben. Als wollte er uns daran erinnern, dass das Dunkle von den Gesetzen des Universums keineswegs ausgeschlossen bleibt, ja, dass es im Gegenteil eine seiner auf allen Ebenen spielenden Triebkräfte darstellt – jenes Prinzip, ohne das eine individuelle Erlösung nicht möglich wäre.

Dieser Frage können wir nicht gleichgültig gegenüberstehen.

Das zweite Beispiel berührt insbesondere uns, die Christen, da es Judas betrifft, eine Persönlichkeit, die wir von Kind auf als Musterexemplar eines Verräters kennengelernt haben.

Er hat seinen Herrn ausgeliefert. Er hat den Preis für seinen Verrat – dreissig Silberlinge – eingestrichen. Und dann ging er sich erhängen. Möge ewige Schande und Verdammnis auf ihm lasten!

Nun, in *Beelzebubs Erzählungen* bringt uns Gurdjieff diese Geschichte anders zu Gehör. Judas, so sagt er, war der beste und aufrichtigste aller Jünger. Jesus, der ihn alle Tage, bis zum verhängnisvollen Abendmahl des Karfreitags, gesehen hatte, muss die innersten Gedanken in dessen Herzen gekannt haben. Wenn wir die Gefangennahme Jesu in den Evangelien nachlesen, so können wir uns davon überzeugen, dass die beiden Hauptdarsteller, Jesus und Judas, in Wirklichkeit in vollkommenem Einverständnis vorgegangen sind. Ischariot war die schlimmste Aufgabe auferlegt worden: Er musste augenscheinlich seinen

Herrn verraten. Er ist seiner Pflicht mit beispielhaftem Mut nachgekommen.

Wie soll man sich somit erklären, dass die Christenheit seit zwanzig Jahrhunderten nie aufgehört hat, Judas zu verfluchen? Ich erlaube mir in diesem Zusammenhang die Bemerkung, dass die Christenheit jahrhundertelang den Bannfluch auch gegen das jüdische Volk gerichtet hatte, das – für den Tod Christi verantwortlich – des «Mordes an Gottes Sohn» angeklagt wird. Erst musste der Entscheid des II. Vatikanischen Konzils abgewartet werden, um diese ungeheuerliche Anschuldigung aufzuheben.[14]

Im Verlauf der Gespräche, die Gurdjieff mit seinen Schülern im Jahre 1916 in Moskau oder St. Petersburg geführt hatte, erklärte er, woher die christliche Kirche, wir wir sie kennen, gekommen ist, und wie deren wahre Funktion ursprünglich ausgesehen hatte.

Hier ein längerer Auszug aus diesem Kapitel:[15]

«Im allgemeinen wissen wir sehr wenig über das Christentum und die Form des christlichen Kultes; von vielem wissen wir weder die Geschichte noch den Ursprung. Zum Beispiel die Kirche, der Tempel, in dem sich die Gläubigen versammeln und in dem nach besonderen Riten die Gottesdienste gehalten werden; woher stammt sie? Viele Leute denken überhaupt nicht darüber nach. Sie glauben, dass die äussere Form des Gottesdienstes, die Riten, das Singen der Gesänge und so weiter, von den Kirchenvätern erfunden wurde. Andere glauben, diese äussere Form sei zum Teil von heidnischen Religionen und zum Teil von den

Hebräern übernommen worden. Aber all das ist nicht wahr. Die Frage nach dem Ursprung der christlichen Kirche, das heisst des christlichen Tempels, ist viel interessanter, als wir denken. Zuerst einmal können die Kirche und der Gottesdienst in der Form, die sie in den ersten Jahrhunderten des Christentums angenommen haben, nicht vom Heidentum übernommen worden sein, weil es weder in den griechischen noch in den römischen Kulten, noch im Judentum etwas Derartiges gab. Die jüdische Synagoge, der jüdische Tempel, die griechischen und römischen Tempel verschiedener Götter waren von der christlichen Kirche, wie sie im ersten und zweiten Jahrhundert auftrat, ganz verschieden. Die christliche Kirche ist eine Schule, von der die Menschen vergessen haben, dass sie eine Schule ist. Man stelle sich eine Schule vor, in der die Lehrer Vorlesungen halten und erklärende Vorführungen veranstalten, ohne zu wissen, dass die Vorlesungen und Vorführungen sind, und wo die Schüler oder einfach die Leute, die in die Schule kommen, diese Vorlesungen oder Vorführungen für Zeremonien oder Riten oder ‹Sakramente›, das heisst für Magie halten. Dies gilt annähernd von der christlichen Kirche unserer Zeit.

Die christliche Kirche, die christliche Form des Gottesdienstes ist nicht von den Kirchenvätern erfunden worden. Es wurde alles in fertiger Form von Ägypten übernommen, jedoch nicht von dem Ägypten, das wir kennen, sondern von einem uns unbekannten. Dieses Ägypten gab es an der gleichen Stelle wie das andere, aber viel früher. Nur

kleine Teile davon sind auf historische Zeiten gekommen, und diese Teile wurden so sorgsam verwahrt, daß wir nicht einmal wissen, wo sie verwahrt wurden.
Viele Menschen mag es befremden, wenn ich sage, dass dieses prähistorische Ägypten viele tausend Jahre vor der Geburt Christi schon christlich war, das heisst, dass seine Religion auf denselben Prinzipien und Ideen beruhte, die das wahre Christentum ausmachen. In diesem prähistorischen Ägypten gab es besondere Schulen, die ‹Schulen der Wiederholung› genannt wurden. In diesen Schulen wurde an bestimmten Tagen, in manchen Schulen vielleicht sogar jeden Tag, das ganze Wissen, das in diesen Schulen gelernt werden konnte, in einer kompakten Form öffentlich wiederholt. Manchmal dauerte diese Wiederholung eine Woche oder einen Monat. Dank dieser Wiederholungen erhielten die Menschen, die diesen Kurs mitmachten, ihre Verbindung mit der Schule lebendig und behielten alles, was sie gelernt hatten, im Gedächtnis. Manchmal kamen sie von sehr weit her, nur um einer ‹Wiederholung› zuzuhören und ihre Verbindung mit der Schule aufs neue zu stärken. An einigen besonderen Tagen im Jahr waren diese ‹Wiederholungen› besonders umfassend und wurden mit besonderer Feierlichkeit durchgeführt – und diese Tage besassen selbst eine symbolische Bedeutung.
Diese ‹Schulen der Wiederholung› dienten den christlichen Kirchen als Vorbild; die Form des Gottesdienstes in den christlichen Kirchen stellt in ihrer Gesamtheit einen Wiederholungskurs der

Wissenschaft dar, die vom Weltall und Menschen handelt. Individuelle Gebete, Hymnen, Responsorien, alle hatten ihre eigene Bedeutung in dieser Wiederholung, wie auch die Feiertage und alle religiösen Symbole, wenn auch ihre Bedeutung schon seit langem in Vergessenheit geraten ist.»

Einige Zeilen weiter fügt er hinzu:

«Eine Zeremonie ist ein Buch, in dem sehr viel geschrieben steht. Jeder, der es versteht, kann es lesen. Ein Ritus enthält oft mehr als hundert Bücher.»

Im Lichte dieser Antwort entdecken wir den zutiefst traditionellen Aspekt von Gurdjieffs Denken.

Von diesem Punkt aus bedarf es nur eines Schrittes, um ihn ins Lager der Traditionalisten einzuteilen, d. h. unter jene, die das westliche Denken bis zum Extrem führen und im Namen der einzigen uranfänglichen Tradition die Meinung vertreten, dass Fortschritt eine Täuschung – ein Blendwerk – darstelle.

Wollte man nur einen Aspekt seines Denkens betrachten, so könnte man aus Gurdjieff ebenso gut einen Anreger der ökologischen Bewegung oder einen Vorläufer der Psychoanalyse machen.*

Zu Beginn dieses Jahrhunderts schien Gurdjieff wie ein vom Himmel gefallener Megalith zu sein, ein Überlebender irgendeiner unbekannten Katastrophe, in seiner Isolation eine *Herausforderung*. Mit einem Wort: ein Anachronismus.

* Siehe Addendum

Dies trifft heute nicht mehr zu. Unter dem Druck all der archäologischen, ethnologischen, psychoanalytischen und soziologischen Entdeckungen, die einmal mehr eine Herausforderung an die übertrieben engen Ansichten des neunzehnten Jahrhunderts darstellen, hat ihn unser Jahrhundert eingeholt und versucht, ihn sogar zu assimilieren. In Anbetracht dieses Phänomens, das insbesondere an der amerikanischen Westküste, in Kalifornien, zum Ausdruck gelangt, möchte ich fragen: «Wie werden sie ihn uns wohl als nächstes servieren?»

Kehren wir jedoch zum Traditionalismus zurück. Dieser Begriff bildet in seinem allgemeinen, nicht-philosophischen Gebrauch sozusagen ein Synonym für Konformismus und Konservativismus. Es handelt sich dabei um eine herabgewürdigte Bedeutung dieses Wortes. Etymologisch gesehen (vom lateinischen Verb *tradere* = überliefern abgeleitet), müsste das Schwergewicht auf die Überlieferung lebendigen uranfänglichen Wissens und nicht auf die blinde Anhänglichkeit gegenüber Formen und Strukturen der Vergangenheit gelegt werden.

Im Zeremoniell der Orthodoxen Kirche findet sich eine vollendete symbolische Darstellung des Traditionellen schlechthin, indem jeder Gläubige in seiner Hand eine Kerze hält, die er an der brennenden Kerze seines Nachbarn entzündet. Diese kleine Flamme, die der geringste Hauch auslöschen könnte, besteht aus Feuer. Dieses nahm seinen Ursprung aus einem anderen Feuer – und so werden nach und nach so viele Flammen entfacht, wie Seelen im Raum versammelt sind. Das Bild ist perfekt, denn das Feuer – selbst aus Feuer geboren – ist in seinem Wesen konstant.

Gibt es denn irgend etwas, das im Verlauf des Lebens unverderblich wäre? Wie Gurdjieff an anderer Stelle erklärt, gibt es für nichts einen Stillstand – alles, was nicht aufwärts strebt, ist zum Abstieg bestimmt. Je höher der Quell, desto tiefer das Gefälle. Die religiösen Lehren bilden diesbezüglich keine Ausnahme. Er hatte dies auf sehr malerische Weise erklärt, als er eines Tages eine Frage beantwortete, die ihm einer seiner Schüler in Moskau gestellt hatte. Dessen Frage lautete, ob in den Lehren und Riten der vorhandenen Religionen irgend etwas Wirkliches vorhanden sei oder etwas, das uns ein Stück Wirklichkeit zu erreichen ermöglicht.

> «Ja und nein», sagte G. «Stellen wir uns vor, wir sitzen hier und sprechen über die Religion, und das Dienstmädchen Mascha hört unsere Unterhaltung. Natürlich versteht sie es auf ihre eigene Weise und wiederholt dem Diener Iwan, was sie verstanden hat. Der Diener Iwan versteht es wieder auf seine eigene Weise und wiederholt das, was er verstanden hat, dem Kutscher Peter im Nebenhaus. Der Kutscher Peter geht aufs Land und erzählt im Dorf, worüber die Stadtmenschen reden. Glauben Sie, dass seine Erzählungen überhaupt dem ähneln werden, was wir sagten? Dies ist genau die Beziehung zwischen den bestehenden Religionen und dem, was ihre Grundlage war. Sie erhalten Lehren, Traditionen, Gebete, Riten nicht aus fünfter, sondern aus fünfundzwanzigster Hand, und dann ist natürlich alles so verstümmelt, daß es nicht mehr zu erkennen und alles Wesentliche schon längst vergessen ist.»

Diese kleine Fabel[16] zeichnet – sozusagen *en passant* – auch die Wertverminderung auf, die der Lehre Gurdjieffs in Zukunft drohen könnte. Wollte man versuchen, dieses Gedankengut zur Doktrin zu erheben, nur um es intakt zu halten, so wäre es kein Gärungsstoff mehr.

Kehren wir jedoch zu jenem Text zurück, der sich mit dem Ursprung der Kirche befasst. Das Christentum ist nicht auf die historischen und geographischen Grenzen des Neuen Testaments beschränkt. Auch nicht auf den schon viel grösseren Rahmen der gesamten Bibel. Seine Wurzeln reichen bis ins alte Ägypten zurück, in jenes Ägypten, «das bestand, ehe der Sand gekommen ist», wie es der Autor von *Begegnungen mit bemerkenswerten Menschen* bezeichnet. Von diesem unbekannten Ägypten aus ist das Christentum in jenen Zivilisationen verwurzelt, die möglicherweise vor den in *Beelzebubs Erzählungen für seinen Enkel* beschriebene grossen Umwandlungsprozessen auf der Erde vorhanden gewesen waren. Wie allumfassend diese Katastrophe auch gewesen sein mag – jenen, die untergingen, war es dennoch stets möglich, ihren Nachfolgern Spuren und Zeichen zu hinterlassen.

Eine einzige, geheime, alles durchfliessende Kraft hat allen Zivilisationen, die vor der unsrigen gewesen sind, ihren Geist eingehaucht. Man kann somit den ältesten Baum, der jemals auf Erden gewachsen ist, nach einem seiner Hauptäste benennen: das Christentum. Wenn ein Ast eines solchen Baumes abstirbt, so wird er an einer anderen Stelle zu grünen beginnen. Darauf kann man jederzeit eine Wette abschliessen. In unserer Jugend haben wir die Warnung vernommen: «Wir, die Zivilisationen, wissen nun, dass wir sterblich sind.»[17] Aber es gehört zum Wesen des Menschen, dass er sein hartnäckiges und offensichtlich unnützes Bemühen immer wieder erneuert, um das Unerreichbare zu erreichen. So lassen wir uns immer wieder auf eine neue Herausforderung ein.

Wie der weiter oben zitierte Text zeigt, bestand die Herausforderung an die Christen der ersten Jahrhunderte darin, gewisse offenbarte Wahrheiten am Leben zu erhalten – der Erstarrung und dem Tod zum Trotz, die ohne Unterlass jeglichen Dogmatismus bedrohen.

Eine offenbarte Wahrheit ist in der Tat wie ein dem Menschen anvertrautes Gut. Der Mensch ist für den Bewusstseinsfunken verantwortlich, den er als einziger unter all den zahlreichen Kreaturen, die unsere Erde bevölkern, empfangen hat. Dieser Umstand bringt ihn in grosse Gefahr, die droht, sobald er sich den starr und empfindungslos machenden Reizen der Natur – seiner eigenen Natur – überlässt und jene Fähigkeiten nicht mehr einsetzt, die ihn von den anderen Tieren und Pflanzen unterscheidet. Es wird ihm abverlangt und stets in Erinnerung gerufen, *wachsam zu sein*.

Der vollkommen wache Mensch wird nie weder von ihn umgebenden Einflüssen abhängig noch vom äusseren Schein betrogen sein, da er die Essenz des jeweiligen Trägers zu unterscheiden weiss. Er wird die Form so lange aufrechterhalten, wie diese der Essenz als Hülle dient – ist das Gegenteil der Fall, so wird er sich nicht weiter darum bemühen oder sie gar zu zerstören wissen.

Lassen wir René Guénon zusammenfassen:

«Die metaphysische Wahrheit ist ewig; zugleich hat es immer Wesen gegeben, welche die Wahrheit wirklich und absolut gekannt haben. Was daran ändern kann, ist deren äusseres Erscheinungsbild, die zufälligen Bedingungen – und selbst diese Veränderung hat nichts mit dem gemeinsam, was der moderne Mensch als Evolution bezeichnet. Es handelt sich dabei bloss um eine einfache Anpassung an diese oder jene Umstände, an die besonderen Bedingungen einer Rasse und einer bestimmten Epoche.»[18]

War Gurdjieff Traditionalist? Es wäre sehr viel zutreffender, ihn gesamthaft als traditionell zu bezeichnen: *er war die Tradition selbst.*

Wie viele Male haben wir – ich selbst und andere – uns doch vorgestellt, dass wir ihm im Verlauf von Reisen in Marokko und Afghanistan, in Tibet und Indien, an einer Strassenecke oder in irgend einer kleinen Bude im Dunkel eines Bazars begegnen würden!

Gurdjieff gefiel sich darin, seine Worte oder Schriften mit köstlichen, jedoch wie ein Peitschenhieb wirkenden Aphorismen und Sprichworten zu schmücken, die er Mulla-Nassr-Eddin, legendäre Persönlichkeit und Wortführer der Weisheit Asiens, zuschrieb. Es ist seltsam, dass die einzige traditionelle Persönlichkeit, unter deren Deckmantel er sich in Europa einführte, ausgerechnet dieser «Unbekannte» sein sollte. Die Gelehrten mögen lange die Bibliotheken durchstöbern und sich über die Manuskripte beugen – sie werden auf keine einzige Handschrift stossen, die Mulla-Nassr-Eddin zugeschrieben werden kann. Und das hat seinen Grund!

Es besteht kein Zweifel darüber, dass Gurdjieff die Fährten seiner Vergangenheit verschleiern wollte, dass er den Namen jener Kette von Tradition oder Initiation – an deren Ende er sozusagen den Kulminationspunkt bildete – zu verstecken bedacht war. Das hat ihn in den Augen der Traditionalisten stets verdächtig gemacht. Ich höre jene, die nebst anderen, notwendigen Eigenschaften auch jenen Sinn für Humor vermissen liessen, der unabdingbar war, falls man Gurdjieffs Zugehörigkeit zur Tradition auch nur rudimentär «wittern» wollte.

Hier sind wir auf ein Geheimnis gestossen. Ein zutiefst religiöser, dem Traditionellen verpflichteter Mensch; öffnen wir, nachdem wir ihn kennengelernt haben, die eine oder andere Heilige Schrift der Menschheit, so werden wir deren Sinn wahrnehmen können, als ob man uns einen Schlüssel dazu in die Hände gegeben hätte. Und ein solcher Mensch tritt im Westen unter der Maske des Antitraditionellen an die Öffentlichkeit! Wohlverstanden, ich verwende diese Worte nicht nur im geographischen Sinne, sondern glaube, dass in diesem Phänomen alles, was die Beziehung zwischen Ost und West betrifft, aufgezeichnet wird.

Der Westen, der den gesamten Planeten überrollt, *scheint den Punkt, an dem es kein Zurück mehr gibt, erreicht zu haben.* In seinem Kielwasser schleppt er die als traditionell bekannten Nationen unwiderruflich mit. In Maos China zerstörten die Bulldozer die Gräber der Vorfahren, Nigeria kauft Fabrikanlagen zur Herstellung von Atombomben; rund um Nazareth hört man heute den Lärm von Maschinengewehrsalven.[19]

Einer Bewegung von solcher Reichweite kann kein Widerstand entgegengesetzt werden. Sie entspricht zweifellos einer kosmischen Notwendigkeit, die über unser Sein hinausgeht. Keine Rückkehr zu den Quellen des Nils oder des Ganges, kein Erklimmen des Bergs Meru, keine Expedition ins Innere von Neu-Guinea, kein Eintauchen in die Tiefe eines Vulkans wird uns helfen, den Schatz verlorenen Wissens zu entdecken, der sich von nun an nicht mehr hinter uns, sondern vor uns, in uns, befindet. Nichts wird die Menschen hindern, sich dem Unbekannten in ihrem eigenen Selbst zuzuwenden und sich auf einen von tausend Prüfungen gesäumten Weg zu machen, der zu diesem Unbekannten führt, das wie ein *unberührter* Schatz in der Tiefe ihres Bewusstseins ruht.

Kaum habe ich diese Zeilen niedergeschrieben und kaum fand ich Zeit, das Ganze etwas ruhen zu lassen, um als erster Leser Ergänzungen und die nötigen Fussnoten anzubringen, und schon frage ich mich, ob ich nicht das Unmögliche gewagt habe.

Meine Freunde möchte ich fragen: «Und wer ist er für euch?» und ihnen dabei hinterhältig mein Manuskript in die Hände drücken. Aber ich weiss, dass jeder, der ihm begegnet ist – und falls er zu sprechen einwilligt –, ein sehr eigenes Bild von Gurdjieff entwerfen würde, das sich von jenem seines Nachbarn unterscheidet. Denn jeder hat ihn anders gesehen. Jeder mit seiner eigenen Subjektivität

Man erinnert sich des Missgeschicks, das vor fünfundzwanzig Jahren einem vielversprechenden jungen Schriftsteller passiert war, der sich für die Lehre Gurdjieffs als Weg zur Selbstentwicklung interessiert hatte. Er war bis anhin dem Meister nie persönlich begegnet. Dennoch hätte das Ereignis eines Tages beinahe stattgefunden: Er sah von weitem dessen gefürchtete Silhouette. (Das Ganze spielte sich im Wandelgang des *Salle Pleyel* ab.) Sogleich projizierte er auf diese schemenhafte Gestalt seine Urangst vor dem Kinderfresser – eine Angst, die ohne Zweifel auf diese Gelegenheit gewartet hatte, um sich herauszukristallisieren. Danach machte er sich an das Unterfangen, ein mehr als fünfhundertseitiges Buch über *Monsieur Gurdjieff* zu schreiben, nicht ohne den Leser darauf aufmerksam zu machen, dass er, «um dieses Werk zusammenzustellen, wie ein Sammler, ein Journalist, ein Polizist vorgehen musste . . .»

Ich frage mich, was wir über Pythagoras, Heraklit, Sokrates oder Jesus für Kenntnisse hätten, falls wir in den zu ihren Lebzeiten angelegten Archiven auf entsprechende Polizeiberichte gestossen wären. Warum nicht gar Wäschereirechnungen oder Metro-Fahrkarten in Erwägung ziehen? (Auf diese Weise funktioniert es mit den Zeitungsartikeln und anderen «Beweismaterialien», jenen «objektiven» Informationselementen, die der Historiker zusammentragen muss, falls er sich nichts anderes unter den Nagel reissen kann.)

Meiner Ansicht nach kann man Gurdjieff nicht als ein *Objekt*, um das man weiss, behandeln, da er das *Subjekt* im wahrsten Sinne des Wortes verkörpert. Ich wage die Behauptung, dass kein wirkliches Wissen – schon gar kein objektives – möglich ist, falls man sich mit den Aussagen anderer Leute begnügt. Man muss, sowie Monsieur Gurdjieff einen dazu auffordert, in persönliche Beziehung zu ihm treten, was immer auch der Preis und die Schwierigkeiten sein sollten. Ist jedoch eine persönliche Beziehung in ihrer wahren Natur nicht etwas Unmitteilbares?

Daraus schliesse ich, dass mein Zeugnis – genauso wie alle anderen Schriften dieser Art, die darauf abzielen, ein Leben mitteilen zu wollen – bloss eine schriftstellerische Übung ist: ein «Kitzeln», wie es Gurdjieff bezeichnet hätte.

Falls ich während des Schreibens Zweifel dieser Art in mein Bewusstsein hätte einfliessen lassen, dann wäre ich mit meinem Versuch schnell am Ende gewesen – ich hätte meinen Papierkorb nicht mehrmals all der weggeworfenen Entwürfe entledigen müssen.

«Aber Gott weiss mehr!» sagen die Muselmanen am Ende einer Diskussion, um sich nicht in der Falle tödlicher Dialektik zu verstricken.

Es stimmt: Die Fliege, die wie besessen stets gegen dieselbe Fensterscheibe schlägt, weil sich auf der anderen Seite die Freiheit befindet, muss uns zu denken geben. Die alten Griechen und Römer waren von der Tatsache sehr beeindruckt, dass selbst die Sonne, deren Erhabenheit und unerschöpfliche Energie niemand bestritt, des Nachts den Lauf des Mondes dazu benützt, ihre eigene Anwesenheit zu bekräftigen.

Wir haben im Umkreis von Gurdjieff gelernt, dass die gerade Linie nicht immer den kürzesten Weg von einem Punkt zum andern darstellt.

Aber ich will hier nicht auf Dinge vorgreifen, die wir später aufzeigen werden. Fragen wir uns besser, wie ein Blick beschaffen sein müsste, der die Erscheinungsformen, die stets in Bewegung und subjektiv sind, zu durchschauen weiss, um eine Tür zum Ziel allen echten Wissens zu öffnen: zur Objektivität.

Die Fähigkeit zu solcher Sehweise ist zweifellos vorhanden. Einen entsprechenden Beweis sehe ich im Wunder der Malerei: Gewisse Maler wussten die Realität unserer Umwelt auf so unverbrauchte Art zu betrachten, als ob sich der Himmel plötzlich geöffnet und einem anderen Licht Platz gemacht hätte, das vor unseren Augen eine Pracht ausbreitet, die ansonsten beinahe in jedem Fall vom Unrat der Gewohnheit überlagert ist.

Man wird mir entgegnen, dass dieses ausserordentliche Phänomen einfach den Fähigkeiten des Malers zuzuschreiben sei. Ich verneine keineswegs, dass es sich dabei um einen der Faktoren handelt, die zu diesem Wunder beitragen. Aber die Virtuosität allein hat niemals grosse Musik oder grosse Malerei hervorgebracht. Der alte Renoir arbeitete bis zuletzt mit eingeschienten, von Rheumatismus verkrüppelten Armen. Die Krankheit hatte die bleibende Kindlichkeit seines Blickes nicht zerstört.

Hier haben wir die wichtigste und unumgängliche Eigenschaft, um sich Gurdjieff zu nähern: die Unschuld. Die Unschuld jenes kleinen Knaben, der beim Anblick des Hofzugs ausruft: «Der Kaiser hat ja gar nichts an!»

Solche Unschuld ist in jedem Alter vorhanden. Dieses kleine Stück Kindlichkeit – allen Schäden des Alltags, aller «Erziehung» zum Trotz unversehrt –, ist reines Gold. Es verkörpert jene Spur Gold, ohne die, wie die Alchimisten wissen, kein Gold hergestellt werden kann.

Wenn Gurdjieff einem Kinde auch nur eine Weintraube gegeben hatte, so beeilte sich die Mutter mit der Mahnung: «Was sagt man?» Keine Antwort. Die

Mutter beharrte so lange auf ihrer Frage, bis das Kind schliesslich mit leiser, mechanischer Stimme «danke» sagte. Wie ein auf frischer Tat ertappter Dieb wartete nun die Mutter, dass vor Zorn vibrierende Worte auf sie niederprasselten: «Sie, Mutter, scheissen auf Quelle, aus der später echte Gefühle hervorgehen werden . . . verderben ganze Zukunft . . .»

Wenn am Tisch von Monsieur Gurdjieff Kinder Platz nahmen und wie Erwachsene zwischen ihren Eltern sassen, so war das für uns ein herzerfrischendes Ereignis. Sie zögerten nicht lange, Schritt zu halten – aufgrund einer gewandt und subtil formulierten Herausforderung nahmen sie ohne den geringsten Hintergedanken an der spielerischen oder dialektischen Geistesakrobatik teil, die sich der Meister, ihrem Alter entsprechend, ausgedacht hatte.

Auch wir, die «Erwachsenen», waren Herausforderungen dieser Art ausgesetzt, denen man – ich muss es gestehen – nur schwerlich Widerstand leisten konnte, da Gurdjieff, mit echt diabolischer Aufmerksamkeit gegenüber dem Konkreten, jede unserer inneren Bewegungen durchschaute; je nachdem, ob man sich näherte oder sich zurückzog, änderte er sein Spiel.

Aus Vorsicht klammern wir uns oft an unsere Stellung als blosser Zuhörer. Bei den Kindern ist es umgekehrt: Alles, was sie noch nicht ausprobiert haben, ist für sie unwiderstehlich. Aus diesem Grunde zieht sie das Spiel so an. Das Spiel verkörpert die «ernsthafte Tätigkeit *par exellence*, da nichts dessen Regeln in Abrede stellen kann».[20] Es verlangt die hundertprozentige Teilnahme des Spielers. «Spielst du oder spielst du nicht?» Und dennoch, wenn die Partie zu Ende gespielt ist, werde ich nicht sterben: Die Spielregel hat keine Gültigkeit mehr – eine andere, grössere und schwieriger zu lösende wird an ihre Stelle treten.

Jener Funke Arglist, der in den Augen des Kindes aufleuchtet, sobald ein Spiel in Aussicht steht, die Herausforderung, die vor dem Kampf in den Augen des Athleten leuchtet, die unerschütterliche Ruhe, hinter der ein Schachspieler seine Überlegungen verbirgt, sind – allem Anschein zum Trotz – Ausdruck ein und derselben Entschlossenheit.

Gerne würde ich den Gedanken unterstützen, wonach es nur ein einziges archetypisches Spiel gibt, so dass alle anderen, ungeachtet der scheinbaren oder in der Tat vorhandenen Mannigfaltigkeit, nur entsprechende Varianten darstellen. Dieses Spiel liesse sich wie folgt formulieren: *Versuch* (zu gewinnen). So wie du bist, hier und jetzt, erstelle eine Inventur deiner selbst; ermittle, wer du bist.

Das Neugeborene, das noch nichts sieht, wenn es für einige Momente in den Armen seiner Mutter ausruht, stellt sich noch keine Fragen. Von dem Moment an, wo es die Augen öffnet, beginnt es sich selbst zu befragen. Da alles im Leiden, im Verfall und schliesslich im Tod endet, würde man das neugeborene Wesen nur täuschen, wollte man es in einen Schafstall hinter den dicken Mauern beruhigender Ideologien einschliessen. Man tut besser daran, ihm die Tiger zu Gehör zu bringen, die stets die Mauern umschleichen. Zumindest diese sind «Wirklichkeit».

Falls der Unschuldige dem Massaker entgeht – mit anderen Worten: dem Niederknütteln der Tugend durch das Laster –, wenn er aller Boshaftigkeit, Betrügerei und Gewalt zum Trotz, wie sie der Macht innewohnen, ein reines Herz bewahrt, so fällt ihm als

Gegenwaffe das magische Wort, jene List zu, dank der er triumphieren wird. Die Bibel, Tausendundeine Nacht, Fabeln, Legenden, Erzählungen, Mythen (von Feuerland bis Alaska) wimmeln von Geschichten dieser Art. Die dämonischen Mächte werden von der Geduld und *der List* des Schwächeren vernichtet oder auf das Sklavenhafte reduziert.

Daher nannte Gurdjieff seine Lehre eines Tages den Weg des schlauen – listigen – Menschen.

Ich glaube, er liebte die Menschen zu sehr, als dass er sie mit dem Versprechen, wonach diese «mit ihren Stiefeln ins Paradies eintreten», hätte täuschen wollen. Seine List war gegen alles gerichtet, was er als Selbstbehagen bezeichnete, insbesondere gegen jene Form, die – nachdem man einen Guru gefunden hat – darin besteht, seinen Schritt nach diesem Führer zu richten, jede Anstrengung aufzugeben und des Gebrauchs jeden kritischen Geistes zu entsagen.

Er kam, um die menschliche Kreatur aufzuwekken – falls dazu noch Zeit bleibt – indem er ihr deren Würde in Erinnerung rief, und nicht, um gegen Schmerz unempfindlich zu machen.

Einige haben in ihm Merlin den Zauberer, andere den Teufel gesehen. Nun, das sind nur zwei der zahlreichen Aspekte, die er aufzuweisen hatte.

Um seinen Anblick zu ertragen, sollte man gleichzeitig den treuherzigen und entwaffnenden Blick des Neugeborenen und das scharfe, selbst geringste Spuren wahrnehmende Auge des einsamen Jägers haben.

War er unser Spielpartner? Oder war er eine bisher unbekannte Regel in jenem Spiel, das er verkörperte – eine Regel, die sich uns erst im Verlauf des Spielens offenbaren sollte?

Ich weiss nicht, ob meine Überlegung klar genug ist.

Ein anderer Ausdruck, der einigen Leuten mehr sagt als der Begriff «Spielregel», ist die «Richtigkeit» des Spiels. Letzteres ist in demselben Sinne zu verstehen, wie man von einem Musiker sagt, dass er «richtig» spiele.

Gurdjieffs Spiel, in dessen Verlauf er seine Schüler gelegentlich in drollige, absurde, widerwärtige oder lächerliche Situationen versetzte, war augenscheinlich äusserst hart. Und dieses Spiel, zu dem er sich gerne hinreissen liess, *spielte er stets wahrhaftig*.

«Alles schön und gut», meint ein Leser, der darauf drängt, meine Schlussfolgerung zu vernehmen, «ist Ihnen schlussendlich der wahre Gurdjieff begegnet?»

Wer könnte sich dessen rühmen, ihm jemals begegnet zu sein?

Der irdische Meister gewährt uns nur eine Zusammenkunft, um uns die Richtung zu weisen: den Weg zum inneren Meister, der den Namen «Bewusstsein» trägt. Er lässt uns die Entdeckung machen, dass wir längst davon abhängig waren, ohne dass wir um diese Tatsache gewusst hätten.

Und dann verschwindet er – so wie sich die Spitze des Berges im Blau des Himmels verliert, sobald wir dessen Fuss erreicht haben.

Addendum

Obwohl diese Zeilen noch Mängel aufweisen, veröffentliche ich sie; ich möchte damit den Ausgangspunkt für eine tiefgreifende Debatte schaffen, die eines Tages von anderen als nötig oder gar dringlich erachtet werden dürfte. Es ist, als würde man eine Boje ins Wasser legen, um anzuzeigen, dass sich auf dem Meeresgrund ein Wrack, eine Gefahr oder ein Schatz befindet.

S. 21 *Weil das Spektakel, das sich nach den verschiedenen Trinksprüchen «auf die Idioten» abspielte, einfach gewaltig war.*

Falls das Wort «Spektakel» nicht mit dem entsprechenden Kommentar versehen wird, ist es der denkbar ungeeignetste Begriff, um jene Mahlzeiten zu umschreiben, zu denen uns Monsieur Gurdjieff jede Woche eingeladen hatte. Es handelte sich dabei um Festlichkeiten, die unsere uneingeschränkte Teilnahme verlangten – Gastmähler für Körper, Seele und Geist.

Das Essen an und für sich ist eine heilige Handlung, da es zur Erhaltung des Lebens dient. Jedesmal, wenn sich Menschen um einen Tisch versammeln, um zu essen und zu trinken, feiern sie gemeinsam das Leben; in den meisten Fällen haben sie diesbezüglich jedoch nur ein verworrenes Bewusstsein.

Die Hochzeitsessen, wie sie in der Bretagne abgehalten werden, und wie sie uns Pierre Jakèz Hélias in *Cheval d'Orgueil* beschreibt, geben vielleicht einen Vorgeschmack dessen, was wir jeden Donnerstagabend an der Rue des Colonels-Renard erleben durften.

Der Rahmen, in dem sich dies alles abspielte, hatte dennoch nichts Grandioses an sich – es handelte sich um ein banales bürgerliches Esszimmer, dessen nicht zueinanderpassende Bestuhlung aus irgendeiner öffentlichen Versteigerung zu stammen schien. Im übrigen war der Raum zu klein, um allen Platz zu bieten.

Monsieur Gurdjieff liess eine Person neben sich sitzen, die er offiziell zum «Leiter» der Mahlzeit oder zum *tamada* bestimmt hatte. Es handelte sich dabei um jemanden aus unserem Kreis; diese Person verwaltete die Alkoholika und brachte der Reihe nach im richtigen Augenblick die Trinksprüche dar, deren Wortfolge genauestens eingehalten werden musste. Die mit Wodka oder Armagnac gefüllten Gläser standen bis zum ersten Trinkspruch unangetastet vor uns.

Der *tamada* erhob sich und warf mit der Überzeugung eines afrikanischen Zauberers folgende Worte in die Runde: «Auf die Gesundheit der gewöhnlichen Idioten ...» Nachdem er sich diesem oder jenem Tischgenossen zugewandt hatte, von dem er wusste, dass er ein gewöhnlicher Idiot war, begrüsste er ihn mit seinem Namen (oder Übernamen): «Auch auf Ihre Gesundheit, Euer Gnaden ...; ebenso auf Ihre Gesundheit, Doktor ...; und auch auf Ihre Gesundheit, Fräulein X ...»

Wir stellten unsere Gläser erst wieder auf den Tisch, nachdem wir deren Inhalt in einem Zug ausgetrunken hatten.

Wenn das Geräusch von Gabeln und Messern wieder einsetzte, begannen die freigiebig ausgeschenkten Spirituosen bereits ihre Wirkung zu tun – es stellte sich eine Verbindung zwischen dem schmackhaften Essen und jenem unbestimmbaren, aber sehr tiefen Gefühl ein, das wir empfanden, als man unsere Kameraden mit einem Titel begrüsste, der ihrem wahren Status entsprochen hatte.

Der nächste Trinkspruch galt «der Gesundheit aller höheren Idioten». Falls sich einige Idioten dieser Kategorie am Tisch befanden, wandte sich der *tamada* erneut jedem einzelnen zu: «Auch auf Ihre Gesundheit ...; auf Ihre Gesundheit, Meister ...» usw. Später tranken wir auf die «Erz-Idioten», auf die «hoffnungslosen Idioten», auf die «runden», die «viereckigen» und «gezackten» Idioten und auf andere, wobei wir aber nie bis zu den höchsten Stufen dieser Hierarchie gelangten. Diese blieben für mich stets ein Geheimnis.

Gewisse Leute, die sich vor den Folgen des Alkohols fürchteten, begannen sogleich nach dem zweiten oder dritten Glas zu plaudern, nicht ohne sich der Komplizenschaft des *tamada* und möglicherweise auch des schweigenden Einverständnisses von Gurdjieff zu vergewissern, wobei letzterem meines Erachtens nichts entging, was sich rund um den Tisch herum abspielte.

Einige behaupten, dass es für Gurdjieff einundzwanzig nach Vernunftgraden eingeteilte Kategorien von Idioten gab; diese Einteilung reichte von der Vernunft des gewöhnlichen Menschen bis zu jener der allumfassenden Unendlichkeit, von Gott, dem alleinigen Idioten. Andere verfechten die Ansicht, dass er dreizehn Kategorien unterschieden hätte.

Ich habe nie erlebt, dass er sich zu dieser Frage geäussert hätte. Ich würde ganz einfach sagen, dass die Qualifikation als Idiot – Worte, die man als Beleidigung empfinden würde, bekäme man sie auf der

Strasse von einem Unbekannten an den Kopf geworfen – in seiner Gegenwart eine unerklärliche Erhabenheit erhielt.

Die griechische Wurzel des Begriffs Idiot – *idios* – bedeutet «Besonderheit». Der gesamte Aufbau dieser Idioten-Hierarchie war möglicherweise bloss eine erstaunliche Konstruktion, die uns helfen sollte, bei anderen und bei uns selbst gewisse, unserer Natur tief eingeprägte Eigentümlichkeiten festzustellen, die wir ohne dieses Hilfsmittel gar nicht hätten sehen können; ein Spiel der Widerspiegelungen, in dessen Verlauf die anderen dazu dienten, uns unser eigenes Bild vor Augen zu halten.

Die Idioten der ersten Kategorie waren gemäss dem Kommentar des Meisters *jene, die sich nicht für Hundeschwänze halten.* Jedermann hat begriffen, dass es sich bei diesen Leuten nicht einfach um Dreck handelt. Aber treiben wir den Spass mit ihnen nicht allzu weit, denn beleidigte Eigenliebe macht böse.

Die nächsten Idioten, jene, bei denen es fünfmal pro Woche Freitag ist, sind die männlichen oder weiblichen Wesen, bei denen die Charakterzüge *hysterischer Frauen* zu erkennen sind. Laut Beelzebub handelt es sich dabei um die «sehr entschlossenen, sehr geehrten und gewiss sehr geduldigen Herren» sowie um die «sehr liebenswürdigen, langmütigen und unparteiischen Damen», die ihre Kräfte mit einer Flut von Worten und wirren Handlungen vergeuden.

Ich selbst gehörte zu den «Erz-Idioten». Wie ist das zu verstehen? Handelt es sich dabei vielleicht bloss um einen Witz? Jemand hatte gehört, wie Gurdjieff auf eine diesbezügliche Frage antwortete: «Erz? Wie Erzherzog ... Erzbischof ... Erzengel ...»

Gewiss war das ein Scherz, aber er unterstrich eine Seite meiner Natur, die ich so wenig kannte wie meinen Eigengeruch: der Respekt vor etablierten Hierarchien.

Der vierte Trinkspruch, der «auf die Gesundheit aller hoffnungslosen Idioten» dargeboten wurde, war von einem ausführlichen Kommentar begleitet, den der *tamada* Wort für Wort wiederholen musste – selbst dann, wenn er dessen tiefste Bedeutung auch nicht auszuloten vermochte. Die Worte prasselten wie ein Gewittersturm nieder und liessen keinen Platz für irgendwelche Zweideutigkeiten übrig. All die «Hoffnungslosen» wurden in zwei Gruppen eingeteilt: Die einen waren *Kandidaten, die wie Hunde krepieren,* während die anderen *Anwärterschaft auf einen ehrenvollen Tod* besassen. Dabei wurde folgende Unterscheidung gemacht: Die erste Gruppe war *ohne objektive Hoffnung* (sie werden wie Hunde krepieren), die andern *ohne subjektive Hoffnung* (dazu berufen, ehrenhaft zu sterben). Um ohne subjektive Hoffnung zu sein, so erklärte er überdies, muss man im Verlauf seines Lebens an sich selbst gearbeitet haben.

Diese Zechgelage sind von jenen, die davon gehört haben, ohne dabei gewesen zu sein, aufs äusserste verurteilt worden. Man darf nicht vergessen, dass sie sich unter den Augen des Meisters abgespielt hatten.

Ich weiss nicht, was man mehr bewundern muss: Dass nie jemand mit Leib und Seele in Trunkenheit geriet, oder die Tatsache, dass es – waren Gläser und Dessertteller erst mal weggeräumt – nie zwei Tischgenossen an gegenseitigem Respekt mangeln liessen. Nie hätten sie gleichzeitig das Wort ergriffen, wenn sich – einem heiligen Zweikampf ähnlich – das Recht auftat, Monsieur Gurdjieff eine Frage zu stellen.

S. 63 *So könnte man aus Gurdjieff ebensogut einen Anreger der ökologischen Bewegung* ...

Man wird keineswegs zum Verräter an Gurdjieff, falls man ihn mit der gesamten hermetischen Tradition in Zusammenhang bringt. Er bezeichnet sich selbst als Erben des Pythagoras und des Hermes Trismegistos. Der zentrale Gedanke dieser einzigartigen Tradition hat nacheinander die Bezeichnung Gnostizismus, Alchimie usw. getragen; er bildet die Einheit alles Bestehenden und steht somit für dessen gegenseitige Abhängigkeit.

Dazu lässt Gurdjieff Mulla-Nassr-Eddin, den wir als seinen Wortführer betrachten dürfen, sagen: *«Es ist besser, täglich seiner eigenen Mutter zehn Haare auszureissen, als der Natur nicht zu helfen.»* Denn – er versichert uns dies in den Zitaten von Beelzebub –, «die unglückliche Natur des Planeten Erde muss sich ununterbrochen, unaufhörlich einer anderen Erscheinungsform anpassen, um sich in der allgemeinen kosmischen Harmonie behaupten zu können».

Gurdjieff beweist nicht nur Teilnahme für die Menschen, die in ihrem Nichtwissen die Rolle von Störenfrieden übernehmen, sondern auch für den Planeten selbst, der sich darum bemüht, das kosmische Gleichgewicht wiederherzustellen.

Hier haben wir den «naturalistischen» – man würde heute sagen «ökologischen» – Aspekt des Autoren von *Beelzebubs Erzählungen.* Wenn er jene grossen Winde, welche die Erdoberfläche in Bewegung versetzt haben, oder das Aufschichten der Gebirge beschreibt, so sind diese Naturerscheinungen nie aus ihrer jeweiligen Umgebung ausgeklammert; sie werden nie als abweichend, sondern stets als notwendige Phänomene betrachtet.

Für den Ökologen steht der Gedanke, wonach Umgebung und Einwohner ein Ganzes bilden – insbesondere die Idee gegenseitiger Ernährung –, absolut im Mittelpunkt. Er überprüft dieses Bild täglich anhand der «Skala» unserer Erde. Auf gigantische Ausmasse vergrössert, wird letztere zu dem Grundsatz, der das gesamte Universum regiert: *das sich gegenseitige Unterstützen alles Seienden.*

. . .oder einen Vorläufer der Psychoanalyse machen.

Gurdjieff wusste recht viel über Hypnose. In *Beelzebubs Erzählungen* rehabilitiert er die Erinnerung an Mesmer und macht sogar Anspielungen auf jene Arbeiten, die den Ursprung von Freuds Entdeckungen bildeten.

Aber es lässt sich kaum bezweifeln, dass er in seiner Jugend Zugang zu anderen Quellen gehabt hat – unserer Wissenschaft unbekannte Quellen, die sehr wahrscheinlich in Asien zu lokalisieren sind. Die Sorgfalt, mit der er deren Spuren verwischte, sollte uns von einer Suche abhalten.

Das wahre Abenteuer, zu dem er alle Menschen aufruft, die mutig genug sind, besteht aus einem Blick in den Abgrund unseres eigenen Unterbewusstseins. Werden wir, wie Theseus, in unser inneres Labyrinth eindringen, mit dem Risiko, dort niemals dem Minotaurus zu begegnen und nie mehr ans Tageslicht zu gelangen – getäuscht von einem teuflischen Spiel des

Echos und falscher Ausgänge? So, als ob wir uns in einer endlosen Psychoanalyse befinden würden?

Das *« Wer bin ich?»*, die Frage, die Gurdjieff seine Schüler so oft als möglich sich zu stellen aufforderte, schien mir der Leitfaden dieses anderen Abenteuers zu sein. An jenem Tag, an dem du – falls es Gott gefällt – deinem eigenen Ego begegnest, schaue ihm direkt ins Gesicht, fordere es hinaus! Wenn es tot ist (weil du es gesehen hast), wirst du endlich befreit sein.

Dieser äusserst persönliche Vorgang beruht auf Ruhe und Sammlung. Er hat nichts mit jener «Befreiung» zu tun, wie sie auf der Couch des Psychoanalytikers stattfindet.

Anmerkungen

1 Wenn man seinem Pass Glauben schenkt, ist Georges Ivanovitch Gurdjieff am 28. Dezember 1877 in der Stadt Alexandropol (das heutige Leninakan) geboren.

2 Der indische Mönch, der den Buddhismus nach China gebracht hatte, ist in unseren Breitengraden gewiss weniger bekannt als im Fernen Osten. Er war der Begründer einer buddhistischen Esoterik, die in China als *Tschan,* in Japan als *Zen* bezeichnet wird; man rufe sich in Erinnerung, dass zwischen dieser Lehre und der von Gurdjieff im Westen unterrichteten Methodik offensichtliche Übereinstimmungen bestehen. In der Malerei ist der Bodhidharma als alter Mann dargestellt worden, dessen stechendem Blick niemand ausweichen kann, da seine Augen einen verfolgen, in welchem Winkel zum Bild man sich auch immer befindet.

3 Wir wissen heute, dass sich Gurdjieff während seiner jungen Jahre eine gewisse Zeit in Kreta aufgehalten hat, wo er sich den griechischen Patrioten anschloss, die sich 1896 gegen die türkische Herrschaft erhoben. Dort ist er von einer Kugel verletzt worden. Ich wusste selbstverständlich davon nichts, als ich im Jahre 1943 mit Gurdjieff in Paris zusammentraf. Aber ich hatte im Sommer 1931 Kreta zu Fuss und auf dem Rücken eines Esels durchstreift, um dort einen Film zu drehen. Zu dieser Zeit sind auf Kreta die *Kapetani* wie Halbgötter verehrt worden. Als Überlebende des Untergrundkampfes sahen sie wie echte Banditen aus; sie bleiben mir als bildlicher Ausdruck eines Europa in Erinnerung, das ich für immer verschwunden glaubte.

4 Paul Valéry: *Introduction à la Méthode de Léonard de Vinci.* Erstveröffentlichung in *La Nouvelle Revue,* Ausgabe vom 15. August 1895.

5 Das Zitat stammt von Elie Faure.

6 René Daumal in *La Grande Beuverie* (1933), wobei er hinzufügte: « . . . unsere Schulen werden im Handum-

drehen alles über Kunst wissen, ohne schöpferisch sein zu müssen ... alles über die Wissenschaft wissen, ohne darüber nachzudenken ... alles über Religion wissen, ohne leben zu müssen.»

7 Für die drei vom menschlichen Organismus aufgenommenen Arten von Nahrung siehe *Auf der Suche nach dem Wunderbaren*, S. 265.

8 Das Buch *In Search of the Miraculous* von P. D. Ouspensky ist 1950 veröffentlicht worden (Routledge & Kegan Paul). Deutsche Übersetzung: *Auf der Suche nach dem Wunderbaren* (O. W. Barth-Verlag, 1966). Als Frucht von acht Jahren Arbeit – eine Zeitspanne, die Ouspensky stets in der Nähe von Gurdjieff verbracht hatte – war dieses Werk ein bedeutendes literarisches Ereignis, da es jedermann die Bekanntschaft mit Gedankengängen ermöglicht hat, die bis dahin nur einem kleineren Kreis zugänglich gewesen waren. In demselben Jahr erschien in England – ebenfalls bei Routledge & Kegan Paul – die Erstausgabe von *Beelzebub's Tales to His Grandson* (Deutsche Übersetzung: *Beelzebubs Erzählungen für seinen Enkel*, Sphinx Verlag, Basel 1981). 1960 erfolgte die Veröffentlichung von *Rencontres avec des hommes remarquables* (Editions Juillard); Deutsche Übersetzung: *Begegnungen mit bemerkenswerten Menschen* (O. W. Barth-Verlag 1978) und 1976 erschien als Privatdruck die Schrift *La vie n'est réelle que lorsque «Je suis»*. Die Einheit dieser sehr unterschiedlichen Arbeiten gehorcht laut Gurdjieff einer ganz bestimmten Notwendigkeit – sie bildet das riesige literarische Werk, das er der Nachwelt hinterlassen hat. Der gemeinsame Titel lautet *All und Alles*.

9 Die Kirche Saint-Sulpice und das umliegende Quartier bilden die Hochburg des Katholizismus in Paris. Als ich jung war, konnte man dort in allen Läden Kerzen, Heiligenbilder, Gipsmadonnen usw. kaufen. Das Kirchengebäude selbst ist von imposanter Grösse, jedoch kalt, unfreundlich und langweilig. Der Ausdruck «Stil Saint-

Sulpice» kann auf alle Objekte angewandt werden, denen jener Funke fehlt, der sie zum echten Kunstwerk mit einem höheren Sinn werden lässt.
Dennoch erinnern Spezialisten für französische Geschichte gerne daran, dass es sich bei den *Sulpiciens* um *Gallicans* gehandelt hat, die eine Distanzierung der Kirche vom Papsttum anstrebten. Für das «gewöhnliche» Volk versinnbildlicht Saint-Sulpice hingegen das, was man als «Bund zwischen der militärischen und der kirchlichen Partei» bezeichnet hat; der Klerus scheint nach beiden Seiten Partei ergriffen zu haben und sowohl den Thron als auch den Altar zu unterstützen.

10 *Views from the Real World. Early talks of Gurdjieff as recollected by his pupils*, S. 154.

11 Der erste Satz ist einer jener Aphorismen, die an den Mauern des *Institus für die harmonische Entwicklung des Menschen* im Château Prieuré von Avon geschrieben standen. Die drei nächstfolgenden sind im Gedächtnis jener eingegraben, die sie in der Rue des Colonels-Renard gehört haben.

12 Worte aus dem Thomas-Evangelium, Logion 114. Es sei daran erinnert, dass man diese Schriften, die möglicherweise älter als die kanonischen Evangelien sind – und eine von deren Quellen sein mögen –, im Jahre 1945 in Oberägypten entdeckt hat. Um sich mit diesem Thema auseinanderzusetzen und das gesamte Zitat kennenzulernen – ohne welches die Jesus zugeschriebene Antwort missverständlich sein könnte – siehe *The Secret Sayings of Jesus according to the Gospel of Thomas* (Collins/Fontana, 1960) oder *L'Evangile selon Thomas* (Métanoïa, 1975).

13 Heidegger: «Das Fragen ist die Ehrfurcht des Denkens».

14 Konzil-Dekret *Nostra Aetate*, von Papst Paul VI. am 28. Oktober 1965 proklamiert.

15 *Auf der Suche nach dem Wunderbaren,* S. 443-46

16 *Auf der Suche nach dem Wunderbaren,* S. 139

17 Der berühmte, von jedem Gemeinplatz weit entfernte Satz von Paul Valéry aus seinem Essai *La Crise de l'Esprit* wurzelt in der vollkommen neuen Sehweise, die sich nach dem Ersten Weltkrieg breitmachte. Die von John Middleton Murry redigierte Wochenschrift *Athenaeum* veröffentlichte das Zitat zuerst, ebenso *La Nouvelle Revue Française* vom 1. August 1919. Siehe auch: Paul Valéry, *Variétés.*

18 René Guénon: *La Métaphysique orientale,* Vorlesung an der Sorbonne vom 17. Dezember 1925.

19 Am 30. März 1976 hatten die Araber Cisjordaniens Kundgebungen gegen die – wie es schien – von Jerusalem aufgezwungene Agrarreform organisiert. Die Unterdrückung dieser Kundgebung hatte rund um Nazareth Tote und Verletzte gekostet. Dieser Zwischenfall scheint heute beinahe unbedeutend, vergleicht man damit die wilden Kampfhandlungen, die sich seit damals zwischen «Christen» und «Moslems» im Libanon abgespielt haben. Was die Atomgefahr anbelangt, so sei hier präzisiert, dass es sich bei den Ländern, die 1976 den Ankauf von Fabriken zur Herstellung von Atomwaffen beabsichtigten, um Bangladesh und Rhodesien handelte – nicht um Nigeria. Die Zivilisationskrise, in der wir alle stecken, durchläuft eine derart rasche Entwicklung, dass jeder örtliche Hinweis mit dem Ereignis selbst veraltet.

20 Das Zitat stammt von René Alleau. Besser und mit weniger Worten könnte man die metaphysische Bedeutung des Spiels nicht formulieren.